EVA-MARIA BAST | HEIKE THISSEN | HARTMUT VOIGT

Nürnberger
Geheimnisse

SPANNENDES AUS DER FRANKENMETROPOLE
MIT KENNERN DER STADTGESCHICHTE

Bast, Eva-Maria; Thissen, Heike; Voigt, Hartmut
Nürnberger Geheimnisse – Spannendes aus der Frankenmetropole
mit Kennern der Stadtgeschichte

NÜRNBERGER NACHRICHTEN in Kooperation mit:
Bast Medien GmbH, Münsterstr. 35, 88662 Überlingen
(verantwortlich)
1. Auflage 2018
ISBN: 978-3-946581-56-7

Copyright: Bast Medien GmbH
Herausgeberin: Eva-Maria Bast
Ressortleitung: Heike Thissen
Lektorat: Lena Bast
Bildredaktion: Magdalena Stoll
Covergestaltung: Jarina Binnig, Cornelia Müller, Melanie Kunze
Layout: Homebase – Kommunikation & Design, Jarina Binnig
Grafik: Maps4News & HERE (Karte)
Satz: Melanie Kunze
Druck: Mohn Media Mohndruck GmbH

Ein Titel der preisgekrönten Reihe *Geheimnisse der Heimat*

Inhalt

Vorwort

G eheimnisse haben etwas Mystisches: Was verbirgt sich dahinter? Schon Kinder lassen sich mit dem Wort „Geheimnis" triggern und wollen es ganz genau wissen. Wenn es um Geheimnisse geht, meldet sich auch bei mir das Kind im Mann zu Wort: Ich will dem Geheimnis auf den Grund gehen. Mag sein, dass mein Beruf, ich bin Journalist, ein Übriges tut: Neugierde und Geheimnis vertragen sich nun mal nicht sonderlich gut.

Umso mehr freut es mich, Ihnen auf den folgenden Seiten gleich einen ganzen Reigen von Geheimnissen offenlegen zu können. Allesamt verbindet sie eines: Der Schauplatz liegt in Nürnberg. Dass diese Stadt viele unbekannte Seiten hat, war mir durchaus bewusst. Dass es aber so viele Neuentdeckungen zu machen gibt, hat mich dann doch überrascht. Als gebürtiger Nürnberger und langjähriger Lokalchef war ich der ebenso irrigen wie festen Überzeugung: Mir macht in dieser Stadt keiner mehr was vor. Was für eine kolossale Fehleinschätzung!

Das beginnt bei dem unscheinbaren Lottoladen entlang der ebenso unscheinbaren Hauptverkehrsstraße in der Südstadt. Dass dort mein Vater immer am Freitagnachmittag seinen Lottozettel abgab, bekam ich als Knirps zwar mit. Warum er trotz nie erzielter Gewinne Woche für Woche mit einem seligen Gesichtsausdruck aus dem Geschäft kam, blieb mir dagegen verborgen. Welche weltmeisterlichen Entdeckungen es dort heute noch zu machen gibt, war mir ebenfalls unbekannt.

Gleiches gilt für einen Gedächtnisbaum der besonderen Art. Besagte Linde, an der ich mindestens einmal pro Woche vorbeilaufe, erinnert an eine kleine Frau mit ganz großem Herzen. Ich kannte die Dame. Immer wenn ich an ihrem Suppenstand vorbeikam, bot sie mir ein Tässchen heiße Brühe an – obwohl sie genau wissen musste, dass der schüchterne Grundschüler ihr niemals etwas abkaufen würde. So wie mir ging es Tag für Tag Hunderten von Passanten. Ob Obdachloser oder Vorstandsvorsitzender – die längst verstorbene Suppenfrau drang in alle Herzen vor. Die Gewissheit, dass ihrer durch einen Baum gedacht wird, wärmt mir das Herz. Und fortan werde ich beim Vorbeilaufen voller Freude an das Nürnberger Original zurückdenken.

Es sind solche kleinen, scheinbar belanglosen Geschichten, die den Geheimnis-Band so lesenswert machen. Allesamt gründlich recherchiert und gut geschrieben, packen sie jeden an Nürnberg Interessierten. Zumal auch lokalhistorisch bewanderte Menschen noch dazulernen können. Mir war die Geschichte des Marienportals in der Sebalduskirche neu. Natürlich hatte ich davon schon gehört, doch als ein früher Rechtfertigungsversuch der Judenpogrome von 1298 und 1349 war mir das Kunstwerk nicht bekannt.

Lehrreich, kurzweilig und geheimnisvoll – dieser wunderbare Dreiklang blieb nach dem Lesen bei mir haften. Ihnen, liebe Leserin, lieber Leser, wünsche ich ähnlich wohltuende Nebenwirkungen, wenn Sie den Band nach der Lektüre wieder ins Bücherregal stellen. Denn nur in einer Welt voller Geheimnisse lohnt es sich auf Entdeckungstour zu gehen. Zum Schluss möchte ich Sie beruhigen: Vieles lüftet dieser Band, etliche, vielleicht auch Ihr ganz persönliches Nürnberg-Geheimnis, bleiben weiterhin unentdeckt...

Ihr

Michael Husarek
Chefredakteur Nürnberger Nachrichten

Die Autoren

Eva-Maria Bast, Jahrgang 1978, ist Geschäftsführerin der Bast Medien GmbH. Sie initiierte und schreibt die Buchreihe *Geheimnisse der Heimat,* die 2011 startete, rasch zu einem regionalen Bestseller wurde und die 2018 in 53 Bänden vorliegt. Sie wurde für ihre Arbeit mehrfach ausgezeichnet, unter anderem erhielt sie für die *Geheimnisse* den Deutschen Lokaljournalistenpreis der Konrad-Adnauer-Stiftung. Eva-Maria Bast ist Gastdozentin an der Hochschule der Medien in Stuttgart und lebt am Bodensee.

Heike Thissen, Jahrgang 1980, ist seit 1999 im Journalismus zu Hause. Ihre ersten Beiträge erschienen noch zu Schulzeiten, bevor sie an der Universität Leipzig und der Universidad de Valencia Diplom-Journalistik und Amerikanistik studierte und bei der Tageszeitung *Südkurier* in Konstanz volontierte. Nach mehreren Jahren als Redakteurin arbeitet sie seit 2010 als freie Journalistin für Zeitungen und Zeitschriften. Als Ressortleiterin der *Geheimnis*-Reihe geht sie regelmäßig zusammen mit Eva-Maria Bast in ganz Deutschland auf Geheimnissuche.

Hartmut Voigt, Jahrgang 1958, ist seit über drei Jahrzehnten Lokalredakteur der *Nürnberger Nachrichten.* Der gebürtige Münchner studierte Geschichte und Germanistik. Er war freier Mitarbeiter beim Bayerischen Rundfunk und absolvierte ein Doppelvolontariat Zeitung/Fernsehen in Ludwigshafen. Der geschichtsträchtige Boden Nürnbergs reizt ihn besonders: Wie viele Generationen von Menschen haben hier ihren „Fingerabdruck" hinterlassen!

01

Einritzungen

Was von den Schlotfegern übrig blieb

K leine Leitern. Und merkwürdige Kappen mit abgekippter Zipfelmütze: Das in der viel befahrenen Schlotfegergasse liegende, lang gezogene Sandsteingebäude ist über und über mit rätselhaft aussehenden Einkerbungen bedeckt. So unscheinbar und teilweise verwaschen sind sie, dass man sie nur schwer erkennen kann. „Viele Nürnberger fahren auf ihrem Weg in die Altstadt an diesem alten Gemäuer vorbei, aber diese rätselhaften Zeichen dürften nur den wenigsten bekannt sein", sagt Kunsthistorikerin Sabine Peters. Ihr hingegen sind die Einkerbungen irgendwann aufgefallen. Sie begab sich auf Spurensuche und fand heraus: „Das sind Graffiti aus dem 17. Jahrhundert."

Doch bevor sie näher darauf eingeht, möchte die Gästeführerin erst noch etwas zu dem zweigeschossigen Sandsteinquaderbau erzählen, an dem sich die Einritzungen befinden: „Das ist das Kornhaus der Kommende des Deutschen Ordens. Dessen Mitglieder waren in der Regel Aristokraten, Kleriker und Ritter, also aus der vornehmsten Schicht", erklärt Sabine Peters. Der Nürnberger Stadtbaumeister Hans Beheim (1455/60-1538) baute das Gebäude, in dem Getreide unter dem Dach gelagert wurde, und das – so verrät die an der Dachtraufe angegebene Jahreszahl – im Jahr 1516 fertiggestellt wurde.

„Wie der heutige Name der Straße schon andeutet, hatten die Schlotfeger in dieser Gasse ihre Herberge. Und diese für den Feuerschutz so äußerst wichtigen Handwerker verewigten sich mit eingeritzten Handwerkszeichen, quasi mit einer älteren Form der heute bekannten Graffiti", erklärt Sabine Peters. Zu sehen sind Gegenstände, mit denen der Ruß abgekratzt wurde oder die ein Schornsteinfeger zum Erklimmen brauchte, also Schulterhaken, Schultereisen, Leitern. Aber auch Initialen und Jahreszahlen kann man

Sabine Peters hat herausgefunden, was es mit den Einritzungen auf sich hat.

11

entdecken. „Diese Ritzzeichen reichen bis in die erste Hälfte des 17. Jahrhunderts zurück. Heute noch lassen sich die Jahreszahlen 1638 und 1643 entziffern", berichtet die Kunsthistorikerin über die Entstehungszeit. Vielleicht waren es wandernde Schlotfegergesellen, die diese Zeichen hinterlassen haben. „Die ersten Gastarbeiter in Nürnberg kamen vor allem aus Süditalien. Wegen ihres oftmals zierlichen Körperbaus hatten die süditalienischen Männer den großen Vorteil, die Kaminwände leichter erklimmen zu können." In anderen Städten Deutschlands habe man Kinder diese gefährliche Arbeit verrichten lassen, doch zum Glück sei der Nürnberger Nachwuchs davon verschont worden, sagt Sabine Peters.

Schlotfeger, die in Nürnberg gewerbemäßig tätig waren, lassen sich bereits im Jahr 1442 nachweisen. Ein wichtiger Beruf, versuchte die Stadt doch schon früh, mit strengen Verordnungen und Regeln die große Brandgefahr der eng stehenden Fachwerkhäuser in den Griff zu bekommen, indem sie auf das Sauberhalten der Kamine großen Wert legte. Anfänge einer Kehrordnung finden sich deshalb bereits im Jahr 1538. Eine Anerkennung der Kaminfeger als Geschworenes (vereidigtes) Handwerk durch die Handwerksordnung erfolgte dann im Jahr 1672, im selben Jahrhundert, in dem die heute noch erhaltenen rätselhaften Einritzungen angebracht wurden.

Und so erinnern die kaum wahrnehmbaren, verwitterten Zeichen an die Vergangenheit dieser Gasse. Und wer weiß: Vielleicht bringt das Betrachten derselben ja ebenso viel Glück wie die Begegnung mit einem Schornsteinfeger!

Eva-Maria Bast

So geht's zu den Einritzungen:

Sie befinden sich an der Wand neben der Ausfahrt des Polizeipräsidiums in der Schlotfegergasse.

In der Abbildung steht im Sandstein gemeißelt:

"hier tregt Cristus das Creutz und wird von den Juden ser hart geslagen un serr s ritt von Pilatus Haus."

Die Kreuzwegstationen stehen heute ohne Sinnzusammenhang entlang der Burgschmietstraße und der Johannisstraße.

Kreuzwegstation

02

Im richtigen Schrittmaß zum Friedhof

Sie finden sich zwischen Tiergärtner Tor und Johannisfriedhof entlang der Burgschmietstraße scheinbar zufällig verstreut. Einige von ihnen sind in Hausmauern eingelassen, andere stehen mitten auf dem Fußgängerweg. So erschließt sich längst nicht jedem Betrachter, was es mit den hoch aufragenden Sandsteinreliefs auf sich hat. Das wäre im Mittelalter, als der berühmte Nürnberger Bildhauer Adam Kraft (1455-1509) die sieben monumentalen Darstellungen der Passionsgeschichte schuf, nicht passiert. „Damals wusste jeder, der sie sah, dass es sich dabei um Kreuzwegstationen handelt", sagt Marco Kirchner und streicht über eines der

13

Kunstwerke, das an der Ecke Johannisstraße/Burgschmietstraße steht. Es wirkt, als sei es aus der Zeit gefallen. Und genau genommen ist es das ja auch.

„Als der Kreuzweg Ende des 15. Jahrhunderts angelegt wurde, führte er über freies Land und nicht durch bebautes Gebiet", erklärt der Gästeführer. Jüngste Untersuchungen des Germanischen Nationalmuseums legen nahe, dass Kraft diese Auftragsarbeit in den Jahren 1487 bis 1490 ausführte. Damit ist der Nürnberger Kreuzweg der älteste im deutschen Raum – ein Titel, den bislang der Bamberger Kreuzweg für sich beanspruchte. Entlang den Stationen sollten Gläubige den Wallfahrtsweg der Via Dolorosa in Jerusalem nachvollziehen können, also die Strecke des Leidenswegs Jesu. Sie beginnt an einem der beiden denkbaren Amtssitze des römischen Statthalters Pontius Pilatus – der Antonienfestung – und endet an der Grabeskirche, wo der Leichnam Jesu beigesetzt worden sein soll.

„Für die Menschen im Mittelalter galt, dass sie mindestens einmal im Leben eine Pilgerreise ins Heilige Land unternehmen sollten. Für die, denen das nicht möglich war, stiftete vermutlich ein wohlhabender Nürnberger Ritter die Kreuzwegstationen", erklärt Marco Kirchner die Hintergründe. Gut möglich, dass es ein Mann namens Martin Ketzel war, der den Kreuzweg in Auftrag gab. „Er stammte aus einer Kaufmannsfamilie, die aus Augsburg nach Nürnberg zugewandert war", sagt der Gästeführer. Die Ketzels sollen passionierte Jerusalempilger und acht von ihnen insgesamt neun Mal im Heiligen Land gewesen sein.

So auch – und hier beginnt eine Legende – Martin Ketzel: „Er schiffte sich 1476 in Venedig ein, ging in Jaffa an Land und pilgerte nach Jerusalem. Dort schritt er die genauen Maße zwischen den einzelnen Leidensstationen Jesu ab. Mit deren Hilfe wollte er dann in Nürnberg die sieben Kreuzwegstationen im richtigen Abstand aufstellen lassen", erzählt Kirchner. Doch das Schicksal soll Ketzel nicht hold gewesen sein. Er erlitt auf seiner Rückreise Schiffbruch und verlor dabei sämtliche Aufzeichnungen über die Via Dolorosa. Also musste er dieselbe Reise noch einmal antreten. Diesmal glückte das Unterfangen und Martin Ketzel kehrte mit den ihm so wichtigen Daten in die Noris zurück. „Ob er tatsächlich der Stifter war, ist aber nicht abschließend geklärt", räumt Kirchner ein.

Man weiß jedoch mit Sicherheit, dass der Kreuzweg Ende des 15. Jahrhunderts entstand und von da an das Abschreiten seiner sieben Stationen wie eine Pilgerreise galt. „Das zählte auf alle Fälle. So ist zu erklären, dass die Gläubigen diese Kreuzwegstationen zur katholischen Zeit ganz intensiv nutzten", erklärt Marco Kirchner.

Das erste Relief zeigt die Begegnung Jesu mit seiner Mutter, das zweite, wie Simon von Kyrene gezwungen wird, das Kreuz mitzutragen. Die dritte Station stellt die Begegnung Jesu mit den Frauen von Jerusalem dar, die vierte zeigt ihn mit Veronika und dem Schweißtuch. Anschließend ist die Misshandlung des Heilands zu sehen und sein Zusammenbrechen unter dem Kreuz. Auf dem siebten Bildstock schließlich ist die Beweinung Christi dargestellt. Jedes Relief zeigt genau auf, wie viele Schritte der Pilger seit der ersten Station bereits zurückgelegt hat.

„Man geht inzwischen davon aus, dass der Nürnberger Kreuzweg nicht wie heute am Tiergärtner Tor, sondern am Neutor startete. Dafür gibt es Hinweise in Inschriften. Außerdem stimmt nur dann das Schrittmaß zwischen erster und zweiter Station", merkt der Gästeführer an. Die Standorte sind – bis auf den der ersten Station – noch die originalen, bei den Reliefs handelt es sich jedoch um Nachbildungen, denn zum Schutz vor Witterungseinflüssen wurden die Werke Krafts zwischen 1889 und 1954 nach und nach ins Germanische Nationalmuseum gebracht.

Heike Thissen

So geht's zur Kreuzwegstation:

Die Kreuzwegstationen sind entlang der Burgschmietstraße zwischen Tiergärtner Tor und Johannisfriedhof verteilt.

Dr. Alexander Schmidt kennt das Zeppelinfeld in- und auswendig. Woher die Stangen des Baseballnetzes hinter ihm stammen, hat er aber erst durch Zufall erfahren.

03

Baseballnetz

Neue Nutzung für Hakenkreuz-Stangen

Die Natur ist gerade dabei, sich das Netz einzuverleiben. Efeu hat sich in den vergangenen Jahren seinen Weg nach oben gebahnt. Und auch andere Kletterpflanzen freuen sich über die großzügige Rankhilfe am Rande des Zeppelinfeldes auf dem Reichsparteitagsgelände. So ist kaum noch zu erkennen, was das Halbrund aus hoch aufragenden Stangen und Geflecht eigentlich einmal war: ein Baseballnetz. Und zwar nicht irgendeines, wie Historiker Dr. Alexander Schmidt weiß.

Um zu erklären, was an dem heruntergekommenen Sportgerät so besonders ist, muss der Mitarbeiter am Dokumentationszentrum

Reichsparteitagsgelände mehrere Jahrzehnte in der Geschichte zurückgehen. Denn der Ort, an dem das Baseballnetz steht, gehört zum Zeppelinfeld – benannt nach dem Pionier der Luftfahrt, nachdem hier 1909 ein Luftschiff gelandet war. „Es entstand zwischen 1934 und 1937 als Aufmarscharena nach Entwürfen des Architekten der Nationalsozialisten, Albert Speer", erklärt Schmidt. Dazu gehörte auch die 300 Meter lange Zeppelintribüne, an deren zentraler Stelle die Rednerkanzel Adolf Hitlers stand, mit einem großen, aus Kupfer gefertigten und vergoldeten Hakenkreuz auf dem Dach. Zusammen mit den Seitentribünen konnten hier bis zu 70.000 Zuschauer beobachten, wie vor allem bei den Reichsparteitagen ab 1934 bis zu 250.000 Menschen zu ihren Füßen auf dem Zeppelinfeld aufmarschierten.

Dass dieser Ort auf die Menschen der 1930er-Jahre faszinierend gewirkt haben muss, lässt sich heute anhand des kahlen Feldes nur noch schwer nachvollziehen. „Man muss bedenken, dass für Speer Architektur immer auch Schauarchitektur war und eine Kulisse darstellen sollte, mit allem, was dazugehört: Musik, Fahnen, Licht und Menschen", erklärt Alexander Schmidt. Nur wenn alle Elemente zusammenkamen, konnten die Bauwerke ihre geplante Wirkung entfalten. Also hatte der Architekt der Nationalsozialisten schon 1934 darauf gedrängt, eine entsprechend aufwendige Lichtanlage zu installieren. Diese lief dann beim imposanten Schauspiel des sogenannten „Lichtdoms" zu voller Leistung auf: Bei dieser Inszenierung im Rahmen der Reichsparteitage strahlten 130 Flakscheinwerfer in den Himmel, sobald Adolf Hitler (1889-1945) auf der Tribüne eingetroffen war.

„Beim Zeppelinfeld ging es den Nationalsozialisten auch darum, eine angebliche *Volksgemeinschaft* zu inszenieren. Das bedeutete unter anderem, dass es Menschen gab, die davon ausgeschlossen wurden. Das lässt sich an den sieben Meter hohen Zuschauertribünen und den 34 Türmchen erkennen, die die Fläche nach außen abriegelten", erklärt Alexander Schmidt die Architektur, „es erinnert an eine Wehranlage." Dass die Türmchen die Toiletten für die vielen Zehntausend Besucher beherbergten, tut dieser Außenwirkung keinen Abbruch. Erst recht nicht, da jeder Turm sechs Fahnenstangen mit Hakenkreuzfahnen trug. Und damit kommt Alexander Schmidt auf das Baseballnetz zu sprechen.

„Nach dem Zweiten Weltkrieg stand dieses Zeppelinfeld völlig intakt da. Als die Amerikaner kamen, wussten sie genau, welche Bedeutung dieses Gelände für die Nazis gehabt hatte", erklärt der Historiker. Deshalb sei es für die amerikanischen Soldaten naheliegend gewesen, am 24. April 1945 genau hier ihren Sieg zu feiern. „Am Ende sprengten sie das große Hakenkreuz über der Zeppelintribüne in die Luft. Das war ein Symbol dafür, dass die Schreckensherrschaft der Nationalsozialisten und der Krieg nun endgültig vorbei waren", ordnet er die Geschehnisse von damals ein.

Im Anschluss daran fingen die Amerikaner damit an, das gesamte Reichsparteitagsgelände zu entnazifizieren und zu ihrem „Soldiers Field" umzugestalten, einem „Feld der Soldaten", auf dem Paraden und Sport stattfinden sollten. „Überall, wo zuvor Hakenkreuze zu sehen gewesen waren, wurden diese nun entfernt. Und das war eine Menge Arbeit", sagt Schmidt und deutet auf die Stangen des Baseballnetzes. Denn allein auf den 34 Türmen, die das Zeppelinfeld einkreisten, standen jeweils sechs Masten mit entsprechenden Symbolen. „Als diese dann abgesägt auf dem Feld lagen, kam anscheinend irgendjemand auf die Idee, dass man die Masten ja auch umnutzen könnte – als Stangen für das Baseballfeld", vermutet Schmidt.

„In den vielen Jahren, die ich hier schon Führungen für Gruppen veranstaltet hatte, war mir das nie aufgefallen. Als mich einer meiner Zuhörer darauf hinwies, stellte ich fest: Das waren tatsächlich dieselben Eisenstangen, die zuvor die Hakenkreuze getragen hatten!", erinnert sich der Nürnberger nur zu gut an den Moment, als ihm die ehemalige Nutzung der Stangen klar wurde. Kurze Zeit später fand er in einem Bildband aus der Nachkriegszeit den Beweis: ein Foto, das einen amerikanischen Soldaten zeigt, wie er gerade von ebenjenen Stangen, die heute noch zu sehen sind, das nationalsozialistische Symbol entfernt.

Viele Jahrzehnte lang nutzten die amerikanischen Baseballspieler in Nürnberg die ehemaligen Fahnenmaststangen für ihre Zwecke, vermutlich ohne Kenntnis über deren vorige Nutzung gehabt zu haben. Baseball wird auf dem Zeppelinfeld schon lange nicht mehr gespielt. Das Netz dient inzwischen nur noch als Rankhilfe für die Kletterpflanzen.

Eine andere amerikanische Sportart konnte sich jedoch auf dem Zeppelinfeld etablieren: Noch heute spielen die „Nürnberg Rams" auf dem Feld American Football,

„Beim Zeppelinfeld ging es den Nationalsozialisten auch darum, eine angebliche Volksgemeinschaft *zu inszenieren."*

mit allem, was dazugehört. Auch der türkische Fußballverein Dergahspor trainiert hier seine Spieler.

Und noch eine Nutzung wird dem Zeppelinfeld zuteil, ganz abgesehen von dem alljährlichen Autorennen am Norisring, das die Haupttribüne umrundet: Jedes Jahr pilgern Anfang Juni mehr als 200.000 Rockfans hierher. Wenn mit „Rock im Park" eines der wichtigsten deutschen Musikfestivals ansteht, befindet sich hier mit der Zeppelin Stage die größte Bühne der Veranstaltung. Viele Stars des Musikbusiness greifen dort regelmäßig zum Mikrofon, und einige von ihnen weisen ihre Zuhörer darauf hin, auf welch historischem Grund sie sich befinden. „Ich finde es gut, dass auf dem Feld heute Geschichtsarbeit, Freizeitnutzung und Sport nebeneinander stattfinden", sagt Alexander Schmidt. Dass Geschichte und Sport hier so eng ineinander greifen wie im Fall des Baseballnetzes, ist durchaus etwas Besonderes.

Heike Thissen

So geht's zum Baseballnetz:

Das Baseballnetz mit den Eisenstangen steht auf dem Zeppelinfeld in der Nordwest-Ecke des Geländes.

04

Öffnungen im Kirchturm

Nachrichten schnell wie die Feuerwehr

Der Anblick der Kirchtürme von St. Sebald und St. Lorenz ist den Nürnbergern von klein auf vertraut. Und auch für Besucher gehören die beiden Gotteshäuser mit ihren jeweils zwei Türmen zu den stadtbildprägenden Bauwerken. Dass bei beiden Kirchen einer der Turmhelme mit mehreren schmalen, hohen Öffnungen versehen ist, nimmt aber kaum jemand bewusst wahr. Auf den ersten Blick mag es sich dabei um ein zu vernachlässigendes Detail handeln. Doch tatsächlich entschieden diese Löcher in den Türmen im Mittelalter über das Schicksal der Stadt und halfen, große Feuersbrünste zu verhindern.

„Jeweils ein Turm von St. Sebald und St. Lorenz hat acht Öffnungen – genauso viele, wie es im mittelalterlichen Nürnberg Verteidigungseinheiten gab", beginnt Dr. Barbara Schuster deren Sinn und Zweck zu erklären. Denn die Löcher im Dach dienten dazu, bei Feuer oder anderer Gefahr den Menschen anzuzeigen, welcher Stadtteil betroffen war und wo die Männer und Frauen aufspringen und mit anpacken mussten, um die Bedrohung möglichst schnell zu bannen. „Die Turmwächter mussten dann mit ihren Hörnern und den Sturmglocken ein akustisches Signal absetzen und als optisches Signal tagsüber eine Fahne und nachts ein Sieb mit brennendem Pechkranz an der Öffnung anbringen, in deren Richtung das Feuer brannte", erklärt die Physikerin. In dieses Warnsystem mit eingebunden waren neben den beiden Kirchen auch der Weiße Turm, der Heidenturm auf der Burg und das innere Laufer Tor. Damit war es möglich, alle Menschen im damaligen Stadtgebiet schnell und unkompliziert zu informieren.

Und das war lebenswichtig. Denn schon ein kleiner Brand hätte sich zu einem flächendeckenden Feuer ausbreiten können, das ganze Viertel oder gar die Stadt verschlang. Dementsprechend groß war in der Noris die Angst davor. „Die Fachwerkhäuser bestanden

---

Auf den ersten Blick sehen die Kirchtürme von St. Sebald identisch aus. Doch bei genauem Hinsehen wird deutlich: Ein Turmdach hat Löcher, das andere nicht.

21

aus Stroh, Holz und Lehm und waren mit Holzschindeln gedeckt. Außerdem standen sie dicht beieinander", erklärt Barbara Schuster. Vor dem Hintergrund, dass die Menschen über dem offenen Feuer kochten, abends auf Kerzen als Lichtquelle angewiesen waren und viele Handwerker innerhalb der Stadtmauern die Flamme brauchten, um ihrer Arbeit nachzugehen, war das im wahrsten Sinne des Wortes brandgefährlich. Und deshalb traf die Nürnberger Stadtverwaltung schon früh Vorsichtsmaßnahmen und hielt ihre feuerpolizeilichen Anordnungen schriftlich fest. Noch heute geben diese *Feuerbüchlein für das Landvolk oder Warnungen gegen gewöhnliche und seltenere Anlässe durch Selbstzunder, Gewitter etc., wodurch Feuersbrünste entstehen können, nebst wirksamen Löschmitteln* aus dem 15. und 16. Jahrhundert Aufschluss darüber, was wann zu tun war und wer mit anpacken musste.

In einem Exemplar aus dem Jahr 1449 heißt es zum Beispiel: „Und wenn Feuer aufgeht, so sollen von Stunde an dazu kommen die gemeynen Frauen, alle Ableger, Schröter, die Knecht in der Waag und die sechzehn Zimmerleute und acht Mauerer, die alle

Meister und benennt und zu Löschmeisteren darüber gesetzt seien, ihr jeder mit seinem Zeug, auch alle Bader, ihr jeder mit seinem Gesinde und seinen Kübeln und Schefflachen, und dazu gewerblich helfen arbeiten und gehorsam sein, damit solch Feuer gedämmt wird." Zimmerleute, Maurer, Ableger, Schröter und Knechte waren für die Feuerlöschtruppe abgestellt, auch dann, wenn es galt, die Stadt gleichzeitig gegen einen Angriff zu verteidigen. Dass außerdem auch Frauen, darunter namentlich sämtliche Dirnen, zum Löschen abberufen wurden, lag vermutlich daran, dass dann im Angriffsfall mehr Männer für die Verteidigung zur Ver-

Dr. Barbara Schuster weiß, wie die Nürnberger Brandschutz betrieben und was die Löcher im Turm damit zu tun haben.

fügung standen. Aus den Badestuben konnten sie außerdem gleich Wasser mitbringen, denn das war in mittelalterlichen Städten durchaus Mangelware. Obwohl Nürnberg an der Pegnitz lag, nutzte der Fluss im Ernstfall wenig: Er war entweder verschlammt oder aber überbaut. Der Fischbach dagegen bewahrte die Reichsstadt vor so mancher Katastrophe, weil er offen durch die Lorenzer Altstadt floss.

Die vielen Turmwächter in der Stadt mussten Tag und Nacht sofort Alarm schlagen, wenn sie ein Feuer entdeckten – mit ihren Hörnern und den Sturmglocken sowie den Fahnen beziehungsweise den Pech-

„Das Ganze scheint etwas gebracht zu haben, denn Nürnberg blieb tatsächlich von einer großen Feuersbrunst verschont.“

pfannen. Große Wasserbehälter standen nicht nur gefüllt auf der Peunt, dem städtischen Bauhof, sondern auch über die ganze Stadt verteilt. Gerätschaften wie Leitern, Haken, Eimer oder Feuerspritzen hatten ihren festen Platz. Allein in der Peunt standen sechs Wagen bereit, die mit allem beladen waren, was für den Einsatz nötig sein konnte: Zwei Wagen transportierten große Leitern, Hacken und Hebeeisen, zwei weitere waren mit kleinen Leitern und mit Hacken beladen und wieder zwei mit Ledereimern und Fackeln. Auf einem zusätzlichen Karren lagen zwölf Zimmererbeile und zwölf Steinäxte.

„Das Ganze scheint etwas gebracht zu haben, denn Nürnberg blieb tatsächlich von einer großen Feuersbrunst verschont“, fasst Barbara Schuster zusammen. Was Brände im Mittelalter nicht vermochten, passierte allerdings einige Jahrhunderte später: Als die Altstadt nach dem verheerenden Luftangriff vom 2. Januar 1945 tagelang gebrannt hatte, waren 90 Prozent der Häuser zerstört.

Heike Thissen

....

So geht's zu den Öffnungen im Kirchturm:

Die Kirche St. Sebald steht in der Winklerstraße 26.

Alexander Jungkunz hat sich mit der Geschichte dieses Denkmals beschäftigt.

05

Denkmal

Nürnberg als „Paper Valley"

Alexander Jungkunz hat es nicht weit bis zu diesem Denkmal. Wenn er das Redaktionsgebäude der *Nürnberger Nachrichten* verlässt, muss er nur um zwei, drei Ecken biegen und schon steht er vor diesen Papierstapeln aus Metall. Der Chefredakteur mag das Denkmal und den Ort, denn beides erinnert an einen Mann, der die Grundlage dessen schuf, womit Alexander Jungkunz – selbst in Zeiten der Digitalisierung – tagtäglich zu tun hat: Papier. „Dieses Denkmal ist Ulman Stromer gewidmet, einem Nürnberger Ratsherren und Unternehmer, der um 1390 hier am Ufer der Pegnitz die erste Papiermühle in Deutschland errichtet hat – etwa an der Stelle, an der das Denkmal heute steht, der Fluss verlief damals noch anders", erklärt er.

Die Mühle, die sich die Wasserkraft der Pegnitz zunutze machte – der Fluss trieb ein Wasserrad mit 18 schweren Stampfern an –, war für das 14. Jahrhundert modern und innovativ: Hier wurde statt des bisher üblichen, aus Tierhäuten bestehenden Pergaments Papier aus Lumpen hergestellt. „Die wurden zu ganz kleinen Stücken zerfetzt, gekocht, zum Faulen liegengelassen und anschließend zerstampft und getrocknet", schildert Alexander Jungkunz. „Die Lumpen wurden Hadern genannt, deshalb hieß das Unternehmen Hader-Mühle."

Übrigens wusste Ulman Stromer (1329-1407) das Papier nicht nur zu produzieren, sondern auch zu füllen: 1360 begann er mit der Arbeit an seinem *Püchel von meim geslecht und von abentewr*. Er dokumentierte darin sowohl Familiäres als auch Belange des Unternehmens und der Politik. Ernst Mummenhoff konstatiert in der *Allgemeinen Deutschen Biographie*: „Für den Historiker und insbesondere den Culturhistoriker ist U. St. in doppelter Beziehung bemerkenswert, einmal als Verfasser einer geschichtlichen und genealogischen Aufzeichnung, die 1360 von ihm begonnen, unter dem Titel: ‚Püchel von meim geslechet und von abentewer' bekannt, die Jahre 1349 bis 1407 umfaßt, dann aber noch in seiner Stellung als bedeutender Kaufherr und unternehmender Industrieller."

Denn Ulman Stromer war weit mehr als „nur" Chef der Papiermühle. Im Rat der Stadt Nürnberg spielte der achtfache Vater eine große Rolle. Ernst Mummenhoff schreibt: „Seit 1371 gehörte U. dem Rathe seiner Vaterstadt, wenn auch mit Unterbrechungen, an und stieg (1396) bis zur Stufe eines Obristhauptmanns empor." Unter anderem war er dafür verantwortlich, „den Beitritt Nürnbergs zum schwäbischen Bund herbeizuführen". Ulman Stromer, der 1370 gemeinsam mit zwei Brüdern die Leitung des internationalen Großhandelshauses der Familie übernahm, war ein reicher Mann, und diesen Reichtum wusste er auch politisch einzusetzen. Eng mit dem pfälzischen Wittelsbacher Kurfürsten Ruprecht II. (1325-1398) verbunden, war er durch seine finanzielle Unterstützung maßgeb-lich am Sturz König Wenzels (1361-1419) und an der Wahl von Ruprechts II. Sohn Ruprecht (1352-1410) zum König beteiligt.

Und dann kam das Ende in Form des schwarzen Todes: Ulman Stromer, dieser mächtige, einflussreiche Mann, starb an der Pest „am suntag nach ostern", das war im Jahr 1407 und er 78 Jahre alt.

Keine 30 Jahre später musste sein Handelshaus, das Kinder und Enkel übernommen hatten, seine Pforten schließen. Es war pleitegegangen. Die Papiermühle aber konnte von seinen Nachfahren gerettet werden.

„Diese Papiermühle war eine Art Startschuss für die spätere Blütezeit Nürnbergs als Druckerhochburg", unterstreicht Jungkunz. „Während der Reformation gab es hier viele Druckereien, die Stadt war so etwas wie das Paper Valley dieser Zeit." Nürnberg sei damals eine große, europaweit bedeutende Stadt gewesen. „Luthers Thesen wurden in Nürnberg gedruckt, Albrecht Dürer war hier als Weggefährte der Reformatoren. Nürnberg war eine Art Hightech-Stadt. Und einen Ausgangspunkt dafür bildete die Papiermühle des Herrn Stromer." Und im Grunde war sie auch der Ursprung – zumindest in dinglicher Hinsicht – der gedruckten Zeitung, die Alexander Jungkunz und seine Kollegen Tag für Tag füllen.

Denn auch heute, in Zeiten des digitalen Wandels, spielt Print noch eine große Rolle. „Wir glauben an die Zukunft der gedruckten Zeitung, auch wenn die Reichweite zurückgehen wird", sagt der Chefredakteur. „Gedruckte Zeitungen werden vielleicht eine Art Luxusartikel, mit dem man zeigt, dass man Freude daran hat, auch mal längere Texte zu lesen." Da komme es dann auf die eigenen starken Autoren an, die aber auch im wachsenden Online-Bereich des Medienhauses vertreten sind. „Wir experimentieren in dieser Hinsicht gern und viel", sagt Jungkunz und ergänzt: „Den Innovationsgeist, den Nürnberg vor 600 Jahre hatte, können wir dabei wieder gut gebrauchen."

Eva-Maria Bast

....
So geht's zum Denkmal:

Es steht auf der Wöhrder Wiese.

Die rätselhaften Rillen und Näpfchen an der Sebalduskirche.

06

Wetzrillen

Von Teufeln, Regenrinnen und Bettlern

Tief in Nürnbergs Mauern eingeritzt finden sich Hunderte Rätsel: lange, gerade Rillen, in der Mitte meist etwas dicker als oben und unten. Und an der Sebalduskirche sitzen mitten in diesen merkwürdigen Rillen auch noch kugelrunde Näpfchen. Solche Rillen – und seltener die Näpfchen – finden sich in ganz Deutschland. Was es damit auf sich hat? An dieser Frage haben sich schon zahlreiche Historiker und Forscher die Zähne ausgebissen. Es gibt unzählige Quellen und Vermutungen, von abergläubischen bis hin zu ganz simplen, technischen. Klar ist jedoch: Nürnberg spielt dabei eine besondere Rolle – aus zwei Gründen. Zum einen, weil es Quellen gibt, die meinen, die Stadt an der Pegnitz sei das „Zentrum" dieses Brauchs, zum anderen, weil hier ein Mann lebt, Karl-Friedrich Haas, der jahrzehntelang zu diesem Thema geforscht hat. Er hat ein fast 500 Seiten dickes Buch zu seinen

27

Erkenntnissen herausgegeben und dabei auch einen ganz neuen Erklärungsansatz gefunden.

Die Annahmen, wie diese merkwürdigen Rillen entstanden sein könnten, reichen vom Teufel, der seine Krallen eingehauen habe, bis hin zu der Ansicht, die Näpfchen seien im Mittelalter durch das Befestigen von Marktständen entstanden. Auch dass es sich um eine Geheimschrift der Bauleute handle, wird gelegentlich kolportiert. Bei all dem hat Haas schon früh abgewinkt. Für etwas wahrscheinlicher hielt er die Erklärung, dass der Steinstaub als Heilmittel abgeschabt wurde. Genannt wird dieser zum Beispiel als heilsam gegen Pest, Epilepsie, Unfruchtbarkeit und vieles mehr. All das sei jedoch „bei näherem Hinsehen nicht wahrscheinlich und stichhaltig".

Eine weitere mögliche Erklärung führt Georg Steffel in seinem Aufsatz *Die rätselhaften Rillen* an: „Es muss einen konkreten Grund geben, weshalb die Rillen in der Nähe von Türen und Toren entstanden sind." Und noch dazu eben an Gebäuden, in denen viele Menschen zusammentrafen. „In allen Fällen wird das Bedürfnis bestanden haben, beim Verlassen der Gebäude nach Eintritt der Dunkelheit Licht zu machen, eine Laterne zu entzünden." Mit der Variante des Feuerschlagens hat sich auch Haas ausführlich beschäftigt – in seinem Werk *Unerklärliche Zeichen im Stein* beleuchtet er das Thema von allen Seiten. Zum Beispiel zitiert er Richard Beitl, der schrieb: „Nach dem Ritus der Kath. Kirche wird am frühen Morgen des Karsamstags, [...] auf dem Kirchhofe das ‚Osterfeuer' (ignis paschalis) oder ‚Judasfeuer' entzündet. [...] Nach alten Vorschriften soll der Brand durch Stahl und Stein erzeugt werden [...]." Haas überlegt: „Wenn das ‚Feuerschlagen' nur zum Erzeugen des Osterfeuers angewendet wurde, wurde dies dann einmal nur im Jahr gemacht und zudem nur an der (Pfarr-) Kirche bzw. in der Nähe einer Kirchentüre oder der Sakristei? Wie ist dann die häufig doch sehr hohe Zahl von Rillen zu erklären, vor allem, wenn für jede Rille hunderte oder gar tausend Kratzvorgänge erforderlich waren?"

Kurt Pilz stellte zu den Wetzrillen 1977 in *Die St. Sebaldus-Kirche in Nürnberg: Ein Kirchenführer* noch eine andere Überlegung an, wie Haas zitiert: „An einzelnen Steinquadern der Sakristei

[...] sind die sog. Wetzrillen und Rundnäpfchen zu sehen. [...] Als ein ehemaliger heidnischer und germanischer Brauch sollte hier bei Eheschließungen das sog. Eheschwert geschliffen worden sein. Die ungetreue Ehefrau könnte enthauptet worden sein. Auch sollten ebenso die abgestellten Waffen der Kirchgänger geschliffen (worden) sein. Es ist also ein Schwert- oder Beilzauber." Diese These gehört aber zu den vielen, die Haas ausschließt. Er hält auch die Variante, dass die Soldaten ihre Schwerter hier segneten, für unwahrscheinlich und bemüht dafür ebenfalls eine Quelle: „Übrigens wird das so häufig erwähnte Schärfen von Schwertern bereits 1916 von Eberstadt abgelehnt", schreibt er und zitiert: „Die Annahme ist unrichtig, und unschwer zu widerlegen. Wer die Spitze einer Lanze oder eines Schwertes gegen einen Mauerstein gerieben hätte, würde mit unbedingter Sicherheit erreicht haben, daß die Waffe gänzlich abgestumpft oder unbrauchbar geworden wäre."

„Insgesamt lassen sich auch heute noch in Nürnberg innen etwa 300 und an mehreren Stellen, vorrangig an der Sebalduskirche, über 200 Rillen mindestens nachweisen."

Nein, diese Varianten stellten Haas nicht zufrieden und er forschte weiter. An der Nürnberger Sebalduskirche zum Beispiel, an der sie ihm zum ersten Mal auffielen, hat er alle Rillen und Näpfchen in mühevoller Fleißarbeit gezählt und kam auf der Nordseite auf rund 140 Rillen und 70 Näpfchen und auf der Südseite auf rund 50 Rillen und 13 Näpfchen. Gedanken hat er sich auch darüber gemacht, warum nichts schriftlich über die Wetzrillen überliefert ist. Hier zitiert er Walter Heinz und Werner Kaschel, die in *Von Wetzrillen und Reibschälchen* schreiben: „Über die Entstehung der Wetzrillen und auch der sogenannten Reibschälchen in der Geschichte nachzuforschen wäre gleichbedeutend mit der Frage, wie eigentlich ein Nagel in das Holz kommt. Es waren […] alltägliche Vorgänge und daher nicht erwähnenswert." Das glaubt auch Haas. Er vermutet, dass sie von Bettlern als Zeichen dafür eingeritzt wurden, dass sich in diesem Haus ein freigiebiger Mann befindet – oder in dieser Kirche (hier sind sie besonders oft zu finden) ein großzügiger Priester. Haas schreibt: „Fundstellen finden sich an Orten, wo für Bettler Almosen oder Spenden zu erwarten waren und wo die Möglichkeit bestand, Nachrichten für andere über ein erfolgversprechendes Betteln zu hinterlassen." Haas hat ein Zitat von einem Virchow gefunden der „um 1884 davor gewarnt habe, diese Rund- und Wetzmarken nicht zu unterschätzen, ‚da sie über Wanderungen und Verbreitung der Völker Aufschluß geben könnten'". Und er hat festgestellt, dass sich viele Rillen an den einstigen Hauptverkehrsstraßen befinden. Und noch eine weitere Quelle hat er aufgetan: Hubert Streicher, der Anfang des 20. Jahrhunderts ein Werk zu Gaunerzinken herausbrachte und schrieb, dass ein Kreis oder eine größere Zahl von Kreisen als Gaunerzinken bedeutet: „Hier

Zur Entstehung der Rillen und Näpfchen gibt es zahlreiche Erklärungsansätze.

bekommt man Geld." Und ein Hund als Zinken werde nach rechts schauend dargestellt, wenn er harmlos ist, und umgekehrt. „Heißen Rillen rechts an einer Tür: Hier gibt es etwas?", fragt Haas. Und sind die runden Näpfe ein Hinweis darauf, dass es dort Geld gibt?

Der Heimatkundler hat auch festgestellt, dass sich besonders viele Wetzrillen an der Stadtmauer befinden – und dass es früher noch mehr waren: „Zu den Vorkommen von Rillen in Nürnberg ist auch ein Hinweis auf Mummenhoff von Interesse. Dieser soll um die Wende zum 20. Jahrhundert Rillen in Nürnberg an Kirchen und Bürgerhäusern und dazu bis zu 600 an etwa 30-40 Stellen der Stadtmauer festgestellt haben. Insgesamt lassen sich auch heute noch in Nürnberg innen etwa 300 und an mehreren Stellen, vorrangig an der Sebalduskirche, über 200 Rillen mindestens nachweisen." Ob man, überlegt Haas, daraus ableiten könne, „dass zu den Fundstellen von Rillen und, nach der vorstehend begründeten Theorie, damit einem nahe gelegenen Ort der Fürsorge, auch ein größerer Platz, etwa ein Friedhof, zum Aufenthalt oder zur Übernachtung gehörte? Interessant ist vielleicht auch noch eine andere Überlegung: Man findet Rillen häufig in der Nähe von früheren (öffentlich zugänglichen Trinkwasser-) Brunnen." Ein klarer Hinweis für nachkommende Bettler: Hier gibt es was zu trinken.

Und wie kamen die Rillen nun in den Stein? „Als Werkzeug zur Erzeugung von Rillen dienten Löffel aus (Schmiede?)Eisen, zur Erzeugung von Näpfchen ein Bohrer oder ähnliche Werkzeuge aus Eisen", klärt der Forscher auf. Er zitiert Otto Fahlbusch, der schrieb: „Näpfchen sind entstanden, indem kugelförmige Gegenstände an Steinen umgedreht wurden, vielleicht um sie vom Rost zu befreien." „Aber dann", schlussfolgert Haas, „gäbe es wohl noch mehr Rillen und Näpfchen, vor allem auch an Privathäusern und eine wirkliche Reinigung wäre so auch nicht möglich gewesen."

Der Autor macht Nürnberg zur Hauptstadt der Wetzrillen. „Die Stadt Nürnberg mit ihrer näheren und weiteren Umgebung bietet so viele Beispiele für die Rillen, dass es gerechtfertigt erscheint, sie nachfolgend in den Mittelpunkt näherer Betrachtungen zu stellen, ohne das Ganze aus dem Auge zu verlieren." Und schließlich habe schon Otto Weber 1924 im Jahresbericht über das sechsundvierzigste Vereinsjahr 1923 des Vereins für Geschichte der Stadt Nürnberg geschrieben, „[e]r glaube nach wie vor an Nürnberg als Ursprungsort und Mittelpunkt dieser Sitte."

Ob das nun stimmt oder nicht – klar ist, dass Nürnberg ein Ort ist, an dem eine enorm wichtige Arbeit für dieses so unbeachtete und rätselhafte Thema geleistet wurde. Dank Karl-Friedrich Haas.

Eva-Maria Bast

....

So geht's zu den Wetzrillen:

Sie befinden sich auf der Nord- und Südseite der Sebalduskirche, Winklerstraße 26.

Gabi Döhler ist eines Tages auf die HIER-Steine aufmerksam geworden und hat deren Geschichte recherchiert.

07 HIER-Steine

Als den Nürnbergern ein Licht aufging

HIER ist in metallenen Lettern in die Straße eingelassen. Der Passant stutzt, bleibt stehen, grübelt. Was war denn *hier*? Ringsum findet sich keine Antwort, weder auf einem Schild noch bei anderen Fußgängern: Manche von ihnen zucken mit den Achseln, andere sagen, das sei ihnen auch schon aufgefallen, sie hätten aber noch keine Erklärung gefunden.

Eine, die die Antwort kennt, ist Gästeführerin Gabi Döhler: „Von diesen sogenannten HIER-Steinen finden sich rund 50 in der Stadt, das ist ein Kunstprojekt von Tine Melzer, einer ehemaligen Schülerin des Sigmund-Schuckert-Gymnasiums." *Hier war was!*, sollen diese Steine zum Ausdruck bringen. Aber was? „Elektrische Bogenlampen", verrät Gabi Döbler. „Als sie aufgestellt wurden, gab es noch keine dauerhafte elektrische Straßenbeleuchtung. Das war die erste weltweit", löst die gebürtige Nürnbergerin das Rätsel. Und dass ausgerechnet die ehemalige Schülerin des Sigmund-Schuckert-Gymnasiums, Tine Melzer, im Jahr 2003 die Steine verlegen ließ, kommt nicht von ungefähr. Denn der Mann, nach dem das Gymnasium benannt ist – Sigmund Schuckert (1846-1895) – ist auch derjenige, der die Bogenlampen aufstellte und damit quasi die elektrische Straßenbeleuchtung erfand.

Der Unternehmer und Erfinder machte sich in Nürnberg nicht nur dadurch einen Namen, dass er sich verantwortungsbewusst um seine Mitarbeiter kümmerte und zum Beispiel eine eigene Betriebskrankenkasse einführte, sondern er war mit seiner „Elektrizitäts-Aktiengesellschaft, vorm. Schuckert & Co" (heute Siemens) auch außerordentlich erfolgreich. Schon als Schüler hatte er gerne experimentiert und im naturwissenschaftlichen Bereich getüftelt. Mithilfe seines Lehrers setzte er durch, Feinmechaniker werden zu dürfen und nicht wie sein Vater als Büttner arbeiten zu müssen. Sigmund Schuckert machte eine Lehre bei Nürnbergs erster Elektrofirma Friedrich Heller und bildete sich in seiner Freizeit unermüdlich in Arithmetik, Maschinenzeichnen, Geometrie, Physik und Chemie fort.

Nach erfolgreich abgeschlossener Lehre ging er als Geselle auf Wanderschaft und kam dabei nach Berlin zu Siemens & Halske – seinem späteren Fusionspartner – und nach Amerika. „Dort war er in einer Telegrafenbauanstalt tätig",

HIER steht auf der Straße geschrieben. Aber was war denn hier?

berichtet die Gästeführerin. „Es gefiel ihm so gut, dass er beschloss zu bleiben und amerikanischer Staatbürger zu werden."

Doch als Siegmund Schuckert im Zuge der Weltausstellung in Wien im Jahr 1873 wieder nach Europa kam, besuchte er auch seine Eltern in Nürnberg und fand seine Mutter in außerordentlich schlechtem Gesundheitszustand vor. „Also blieb er in Nürnberg und mietete sich in der Schwabenmühle Räumlichkeiten, in denen er seine Werkstatt einrichtete", erzählt die Nürnbergerin weiter.

„Also blieb er in Nürnberg und mietete sich in der Schwabenmühle Räumlichkeiten, in denen er seine Werkstatt einrichtete."

Schuckert machte sich mit der Reparatur von Siemens-Nähmaschinen einen Namen. Und er experimentierte: mit Dynamos, der Gewinnung von Strom und mit Beleuchtung. In der *Allgemeinen Deutschen Biographie* ist zu lesen: „Sch. kämpfte einen harten aber erfolgreichen Kampf für den Gleichstrom und hat um die Einführung der elektrischen Beleuchtung, der Militär-Scheinwerfer, Meßinstrumente u. s. w. große Verdienste."

1875 durfte er mit einer selbst gebauten Bogenlampe die Enthüllung des Kriegerdenkmals beleuchten, 1878 bestellte Schloss Linderhof drei Lampen, und Schuckert glückte es sogar, die Lampen in Serie zu schalten. Die elektrische Straßenbeleuchtung war geboren – und die Stadt Nürnberg wollte sie haben.

Deswegen leuchteten 1882 die Bogenlampen über Nürnberg. Und dass dies nicht in Vergessenheit gerät, dafür sorgt Tine Melzer mit ihren Steinen. *HIER* und *HIER* und *HIER*.

Eva-Maria Bast

So geht's zu den HIER-Steinen:

HIER-Steine finden sich in der ganzen Stadt, unter anderem vor der Tourist-Information in der Königstraße 93, auf der Karlsbrücke und am Frauentorgraben. Die meisten jedoch sind vor dem Sigmund-Schuckert-Gymnasium im Ortsteil Eibach zu sehen.

Dr. Alexander Schmidt blickt auf den idyllisch wirkenden Silbersee. Doch tatsächlich ist das Gewässer keinesfalls so harmlos, wie es scheint.

Silbersee

Der tödliche Schatz im Wasser

D r. Alexander Schmidt kniet am Ufer des Gewässers im Volkspark Dutzendteich und betrachtet die Wasseroberfläche. „Das sieht ja auf den ersten Blick schon idyllisch aus", sagt er, „da bekommt man fast Lust, hineinzuspringen." Doch der Mitarbeiter des Dokumentationszentrums Reichsparteitagsgelände weiß, dass er diesem Impuls unter gar keinen Umständen nachgeben darf. Denn das Bad im See könnte tödlich für ihn enden. Der „Silbersee" zu seinen Füßen mag vielleicht harmlos heißen und auch so aussehen. Aber er hat es im wahrsten Sinne des Wortes in sich.

„Der Silbersee ist die mit Wasser vollgelaufene Baugrube für das Deutsche Stadion, das Albert Speer hier errichten wollte", erklärt Alexander Schmidt. Das „größte Stadion der Welt" sollte Platz für mehr als 400.000 Zuschauer bieten und mit einer Tribünenhöhe von 100 Metern riesige Dimensionen annehmen.

„Albert Speer behauptet in seinen Memoiren, das Feld sei dafür gedacht gewesen, später einmal die Olympischen Spiele zu beherbergen, aber das war glatt gelogen", erklärt Schmidt und zitiert aus der Urkunde, die bei der Grundsteinlegung eingemauert wurde. Sie gab den Befehl Hitlers wieder, der folgendermaßen lautete: „Im Verfolg meiner Proklamation am Reichsparteitag der Ehre schaffe ich hiermit für alle Reichsparteitage die Nationalsozialistischen Kampfspiele. […] Um diesen Kämpfen eine würdige und weihevolle Stätte zu geben, wurde vom Führer der Bau des Deutschen Stadions angeordnet." Von internationalen Spielen mit völkerverständigendem Charakter also keine Spur. „Bei diesen nationalsozialistischen Kampfspielen ging es eindeutig um Kriegsvorbereitung", stellt Alexander Schmidt richtig, „Zielwurf mit Handgranaten, Wettlauf mit Gasmasken und Schwimmen mit Uniform gehörten zu den Disziplinen."

Enten können problemlos auf der Wasseroberfläche schwimmen. Nur zu tief tauchen dürfen sie nicht.

Doch so weit, dass diese Spiele im eigens dafür vorgesehenen Stadion stattgefunden hätten, kam es nicht. „Die Arbeiten für dieses monströse Bauwerk wurden am 9. September 1937 zwar begonnen, aber das Deutsche Stadion erreichte noch nicht einmal den Zustand einer Ruine. Mehr als eine Baustelle war dort nie zu sehen", erklärt Alexander Schmidt. Trotzdem waren hier noch 1939 1.700 Männer im Einsatz. Und nicht nur sie: Unter unmenschlichen Arbeitsbedingungen mussten unter anderem die Häftlinge des Konzentrationslagers Flossenbürg, das in der Oberpfalz extra in der Nähe eines Steinbruchs aufgebaut worden war, den Granit abbauen, der im Deutschen Stadion verwendet werden sollte. Bei bis zu minus 25 Grad Außentemperatur mussten sie zum Teil ohne Socken oder Handschuhe arbeiten und durften auch dann nicht pausieren, wenn ihnen Finger, Hände und Füße bereits erfroren waren. Zum Einsatz kam kein einziger der so geschlagenen Granitsteine, weil das Arbeiten vor Ort während des Krieges gar nicht möglich war. „Schlussendlich blieben von den hochtrabenden Stadion-Plänen nur eine riesige Baustelle und ein Haufen nicht verwendeter Steine. Von da an lag das Gelände brach und die Grube füllte sich mit Grundwasser. So entstand der Silbersee", fasst Alexander Schmidt zusammen. Zu der Zeit war mit dem Gewässer noch alles in Ordnung, doch das änderte sich nach Kriegsende.

Damals erhielt der See erst einmal seinen unverfänglichen Namen. Diesen verdankt er romantischen Gefühlen der Nürnberger Zeitungsleser. „Als nach dem Zweiten Weltkrieg ein Name für das Gewässer gesucht wurde, fragte eine Tageszeitung, wie es denn heißen solle. Und die Nürnberger stimmten für *Silbersee*, weil sie sich an Karl Mays Abenteuerroman *Der Schatz im Silbersee* erinnert fühlten", erklärt Alexander Schmidt.

Das Wasser barg tatsächlich einen Schatz, aber keinen wertvollen, sondern einen lebensgefährlichen. Der toxische Inhalt des Gewässers geht auf den benachbarten Hügel namens Silberbuck zurück. Dieser ist eine Abraumhalde für den Abfall, Sondermüll und Schutt aus der zerstörten Stadt, den die Nürnberger bei ihren Aufräumarbeiten hier ablagerten. „Darunter waren auch die Abfälle aus der Südstadt, wo sich die Rüstungsindustrie befunden hatte. Mit ihnen landeten verseuchte Materialien hier", erklärt Schmidt. Man deponierte Pharmaabfälle, Mineralöl, Pflanzenschutzmittel und Stoffe aus der Metallindustrie.

Seit damals sickert Wasser in den See, das mit Schwefelwasserstoff angereichert ist. Dieser wirkt bei Menschen und Tieren wie ein Nervengift: Wer im Wasser schwimmend damit in Berührung kommt, erleidet Lähmungserscheinungen und ertrinkt. Rund 40 Todesfälle habe es seit Kriegsende im Silbersee gegeben, sagt der Historiker. „Das waren Leute, die von der Gefahr nichts wussten oder sie bewusst ignorierten." Ein Felsen, der jahrelang dazu einlud, von ihm herab ins kühle Nass zu springen, wurde inzwischen gesprengt – zu tief tauchten die Erfrischung Suchenden hinab in gefährliche Wasserschichten. „Der Schwefelwasserstoff befindet sich je nach Wetterlage in 1,5 bis 2 Metern Tiefe. Wenn man darüber bleibt, passiert nichts. Deshalb sehen wir auch so viele kerngesunde Enten schwimmen. Und es gibt sogar einen Fischereiverein, der hier Fische aussetzt und sie angelt", beschreibt Schmidt das Tückische am idyllischen Silbersee. Ganz klar ist jedenfalls: Das Baden birgt hier ein tödliches Risiko und sollte auf jeden Fall unterlassen werden.

„Der Silbersee ist die mit Wasser vollgelaufene Baugrube für das Deutsche Stadion, das Albert Speer hier errichten wollte."

Inzwischen stehen auch rund um das Ufer Warnschilder, die auf die Lebensgefahr hinweisen. Eine Umwälzpumpe sorgt außerdem dafür, dass Sauerstoff in die Tiefen des Sees gelangt. Damit soll der Schwefelwasserstoff nach und nach abgebaut werden. Eine Sanierung des Geländes ist indes zu teuer und aufwendig. „Und wer weiß? Das Ganze hat sich inzwischen eingependelt. Wenn man hier eingreift, besteht die Gefahr, dass das Problem in den benachbarten Teichen auftritt, die aktuell nicht belastet sind", überlegt Alexander Schmidt.

Der Silbersee bleibt also eine Altlast des nationalsozialistischen Größenwahns, auch wenn er einen harmlosen Namen trägt.

Heike Thissen

So geht's zum Silbersee:

Der Silbersee liegt im Volkspark Dutzendteich.

Der Davidstern direkt am Altar trägt die Jahreszahl 1349. In jenem Jahr wurden bei einem schrecklichen Pogrom viele Nürnberger Juden ermordet.

09

Davidstern

Jüdisches Symbol im katholischen Gotteshaus

Viele Touristen denken, das Wichtigste der Frauenkirche sehe man an der Außenfassade in 20 Metern Höhe: das Männleinlaufen. Die Kunstuhr von 1509 tritt täglich Punkt zwölf Uhr in Aktion. Dann huldigen sieben Kurfürsten Kaiser Karl IV. – und unzählige Fotoapparate und Handys der wartenden Passanten nehmen den „Rundlauf" vom Marktplatz aus auf. Dieses Schauspiel ist zwar originell, aber das wirklich Besondere kann man im Inneren des wichtigsten katholischen Gotteshauses von Nürnberg entdecken. Und es hat ebenfalls mit Kaiser Karl IV. (1316-1378) zu tun.

Mittelalterliche Gemälde auf Goldgrund, Strahlenkranz-Madonna, leuchtende Glasfenster und Heilige aus Sandstein: Das findet man in vielen christlichen Kirchen. Doch ein Davidstern im Altarraum? Das ist die absolute Ausnahme – ein jüdisches Symbol aus Messing mit der Jahreszahl 1349 genau in jenem Bereich, der den Katholiken heilig ist. Und damit nicht genug: Ebenfalls im Altarraum steht der Tabernakel, in dem die Hostien für die Messe liegen. „Der Tabernakel hat die Form eines Thoraschreins, in dem die Juden ihre Thora-Rollen aufbewahren", erzählt Kirchenführerin Viktoria Huck, „also die heiligen Schriften der Juden." Wie bei den Thoraschreinen ist auch an diesem katholischen Tabernakel eine Krone angebracht.

Die ehemalige Lehrerin und engagierte Katholikin weist darauf hin, dass hinter den beiden vergoldeten Türchen ein Behälter zum Vorschein kommt, in den Getreideähren eingeritzt sind. Künstler Friedrich Koller aus Laufen wollte damit die Funktion des Behältnisses verdeutlichen: Aus Mehl gebackene Hostien als Zeichen für Christus und als „Brot des Lebens" sind dort für den Gottesdienst eingeschlossen.

An der rechten Seite des Ostchors, dort, wo die Orgel steht, kann man in gut drei Metern Höhe einen weiteren engen Bezug zum Judentum entdecken: Hier ist seit 1998 die Sandsteinfigur der Heiligen Edith Stein (1891-1942) des Nürnberger Bildhauers Wilhelm Uhlig (geb. 1930) aufgestellt. Sie ist leicht zu erkennen, weil ihr Sandstein deutlich heller ist als jener der übrigen Figuren mit ihrer Jahrhunderte alten Patina. Zu ihren Füßen prangt ebenfalls ein großer Davidstern. Denn die Philosophin und Frauenrechtlerin hatte jüdische Wurzeln. „Über Freunde kam die sehr gelehrte Frau mit dem Katholizismus in Berührung und konvertierte schließlich", berichtet Viktoria Huck.

Die Taufe und der spätere Ordenseintritt Edith Steins bei den Karmelitinnen führte zu Spannungen innerhalb ihrer Familie, vor allem mit ihrer sehr religiösen Mutter. Doch auch als katholische Ordensfrau fühlte sie sich ihrer Herkunft stark verbunden: „Komm, wir gehen für unser Volk", soll sie zu ihrer leiblichen Schwester Rosa gesagt haben, als die Gestapo sie aus ihrem niederländischen Klos-

ter zur Vernichtung abholte. „Für unser Volk" – damit meinte sie
die Juden. Die beiden Ordensfrauen wurden am 9. August 1942 in
den Gaskammern des Konzentrationslagers Auschwitz-Birkenau
umgebracht.

Mit der Ermordung jüdischer Bürger hat auch die Entstehung
der Nürnberger Frauenkirche zu tun – daher die zahlreichen jüdischen Bezüge, mit denen sich die heutige katholische Kirchenge-
meinde der blutigen Geschichte stellt. Am 5. Dezember 1349 kam
es zu einem Pogrom am Hauptmarkt, bei dem 562 Juden getötet

wurden. Ihre Synagoge befand sich exakt
an jener Stelle, an der heute die Kirche
„Unserer lieben Frau" steht. Übrigens
kein Einzelfall, merkt Huck an: „Auch in
anderen Städten wie etwa Regensburg
oder Würzburg sind Marienkirchen auf
den Grundstücken zerstörter Synagogen
errichtet worden."

In Auftrag gegeben hatte das Nürnberger Gotteshaus Kaiser Karl IV. – jener Herrscher, der an der Außenfassade
beim „Männleinlaufen" thront. Als Kaiser war er auch Schutzherr der Juden.
Doch anstatt in Nürnberg seine Hand
schützend über sie zu halten, duldete er,
dass sie bei dem Pogrom entweder nie-
dergemetzelt oder vertrieben wurden.
In alten Urkunden ist davon die Rede,
dass Karl IV. den Kirchenneubau 1352
„zum Seelenheil des Kaisers und seiner
Vorfahren" veranlasst hat. Drückte ihn
das schlechte Gewissen, seine Schütz-
linge verraten zu haben? Viktoria Huck

*Der goldene Tabernakel unter dem
mittelalterlichen Tucher-Altar der
katholischen Frauenkirche ist in der
Form den jüdischen Thorarollen
nachempfunden.*

schüttelt den Kopf: „Von den mittelalterlichen Menschen kann man
kein Schuldgefühl gegenüber den Juden erwarten."

Bei der Umgestaltung des Altarraums 1986/87 wollte die
Gemeinde jedoch bewusst an die jüdischen Wurzeln der katho-

lischen Frauenkirche erinnern. Daher entschied man sich mit dem damaligen Pfarrer Veit Höfner für den Davidstern und die optische Anlehnung an den Thoraschrein. Unter den Sandsteinplatten gibt es weitere, allerdings verborgene Hinweise: „Im Untergrund stehen noch Mauerreste der Synagoge und einer Mikwe, also eines rituellen Reinigungsbads der Juden", sagt Viktoria Huck.

„Der Tabernakel hat die Form eines Thoraschreins, in dem die Juden ihre Thora-Rollen aufbewahren, also die heiligen Schriften der Juden."

Die 700 Jahre alten Spuren sind vorhanden. Man behält in Nürnberg so die Menschen im Bewusstsein, für die es 1349 ein Todesurteil war, Jude zu sein. Fast genau 600 Jahre später perfektionierten die Nationalsozialisten die Verbrechen gegen diese Bevölkerungsgruppe grauenvoll. Mit den „Nürnberger Gesetzen" von 1935 hat die NS-Diktatur die Grundrechte der jüdischen Bevölkerung in Deutschland beseitigt und eine erbarmungslose Verfolgung und brutale Vernichtung ermöglicht. Die Skulptur Edith Steins steht als steinerne Zeugin dafür.

Hartmut Voigt

So geht's zum Davidstern:

Die Frauenkirche steht direkt am Hauptmarkt, dem zentralen Platz der Stadt. Der Davidstern ist im Altarraum zu sehen.

Daniel Gürtler zeigt auf das grüne K an der Westtormauer und erklärt, warum sich an Nürnbergs Türmen Buchstaben in unterschiedlichen Farben befinden.

Buchstaben
Das Alphabet zur Orientierung

Wenn Nürnbergs Grundschüler das Alphabet lernen, haben sie es leichter als alle anderen Kinder in Deutschland, da Gelerntes bei Bewegung an der frischen Luft besser hängenbleibt. Denn Nürnbergs Kinder müssen einfach nur an der hohen Stadtmauer entlanggehen, um sich die Buchstaben einzuprägen. Da steht es gleich viermal geschrieben – in vier verschiedenen Farben und großen, einzelnen Buchstaben. „Hier haben wir das grüne *M*", verkündet Historiker Daniel Gürtler. „Das *N* da hinten, das grüne *K* und das grüne *L* da unten." Das U und das W fehle allerdings in allen Farben. Auch seien einige Buchstaben im

Laufe der Zeit verschollen oder die Gebäude, an denen sie sich befanden, abgebrochen worden. „Dort, wo einmal das grüne O war, befindet sich heute nur noch eine Mauernische", nennt Gürtler ein Beispiel.

An die Mauer gemalt wurde das Alphabet allerdings nicht zu dem Zweck, den kleinen Nürnbergern das Lernen zu erleichtern, sondern um einsatzfähigen Männern im Falle eines Angriffs auf die Stadt genau sagen zu können, wo sie Position beziehen müssen: am roten M, am grünen O, am schwarzen K … „Die vielen Türme und Tore brauchten eine klare Bezeichnung zur Orientierung", sagt Daniel Gürtler. „Mit römischen Ziffern wären das auf die Dauer ziemlich lange und schwer einprägsame Zahlen gewesen." Die Verwendung farbiger Buchstaben schien da übersichtlicher, allerdings reichte das Alphabet nicht aus – deshalb entstand die Idee, die Buchstaben in vier verschiedenen Farben anzubringen. „Die Türme der vorgelagerten äußeren Zwingermauer und der inneren Grabenfuttermauer waren allerdings mit römischen Zahlen versehen. Die Buchstaben befanden sich nur an den Türmen und Toren der hohen Mauer", ergänzt der Historiker. Die Zahl der ursprünglichen Türme der Mauer variiere in der Literatur stark, merkt Gürtler an. „Um 1500 müssen es weit über 100 Türme gewesen sein. Jedoch wurden mit dem Bau der Bastionen, dem Umbau der Tore und der Errichtung der Mauerzwinger bereits einige Türme abgebrochen. Meines Wissens gab es vor dem Zweiten Weltkrieg noch 84 Türme, heute sind es 74."

Die Buchstaben an den Türmen der Nürnberger Stadtmauer wurden aus militärischen Gründen angebracht.

Die Buchstaben sind und kennzeichnen etwas Besonderes: „Nürnberg hat ja eine fast vollständig erhaltene Stadtmauer auf einer Länge von knapp 4 Kilometern", sagt Daniel Gürtler. „Entstanden ist die Stadtmauer zu den unterschiedlichsten Zeiten: Wir haben Teile, die zwischen 1250 und 1300 gebaut wurden." Im 13. Jahrhundert wurden die Sebalder und die Lorenzer Siedlung jeweils einzeln befestigt, aus dieser Zeit stammen noch der Laufer Schlagturm und der Weiße Turm. Anfang des 14. Jahrhunderts, 1320 bis 1325, wurden die Stadtteile über den Fluss hinweg miteinander verbunden, 1450 war die neue Stadtmauer fertiggestellt. Die Bastionen unterhalb der Burg, an denen sich jedoch keine Buchstaben befinden, seien in den Jahren 1538 bis 1545 entstanden. „Ursprünglich stand zwischen zwei Türmen der hohen Mauer immer ein Turm der äußeren Zwingermauer. Viele dieser Türme verschwanden jedoch bereits wieder im 16. Jahrhundert. Weitere Teile kamen Anfang des 17. Jahrhunderts dazu, die Bastion am Wöhrdertürlein entstand zum Beispiel 1613. Etwas später spielte natürlich auch der Dreißigjährige Krieg eine Rolle, in dem man sich verteidigen wollte", ergänzt der Historiker.

Möglicherweise gebe es sogar eine erste Stadtmauer aus dem 11. Jahrhundert, „aber das wissen wir nicht genau", sagt Gürtler, „hier wird es ein bisschen schwammig." Vor allem im 19. Jahrhundert hätten hierzu die wildesten Theorien existiert: „Es gab beispielsweise ein längeres Mauerstück in der Tetzelgasse, das beim Bau des Wirtschaftsrathauses untersucht wurde. Man konnte dann aber zweifelsfrei belegen, dass das kein Stadtmauerstück war, sondern die Befestigungsmauer eines Ministerialenbesitzes, ein wohlhabender Bürger hatte seinen Gutshof befestigt." Das lege aber den Schluss nahe, dass es vor den beiden bekannten keine weitere Stadtmauer gab. „Sonst hätte der Bürger ja nicht für seine eigene Befestigung sorgen müssen", überlegt der Experte.

Die Anzahl der Tore sei im Laufe der Zeit gewachsen: „Ursprünglich gab es nur fünf Eingänge in die Stadt hinein", sagt Gürtler, „das Neutor, das Tiergärtnertor, das Spittlertor am Plärrer, das Frauentor am heutigen Hauptbahnhof und am Ratenauplatz das Laufer Tor. Hinzu kam noch das Vestnertor, das war das Tor in die Burg. Außerdem gab es zwei Fußgängerdurchgänge, das Hallentürlein an der Pegnitz und das Wöhrder Türlein."

Erst im 19. Jahrhundert seien weitere Tore entstanden. „Wenn man sich den Stadtplan aus dieser Zeit anschaut, findet man das Hallentor, das Westtor, das Jakobstor und das Färbertor", nennt Daniel Gürtler einige Beispiele. Nötig wurde das, weil die Stadt in dieser Zeit über die Stadtmauern hinauswuchs und die Bürger hinein- und hinauskommen mussten, ohne allzu große Umwege zu gehen. „In den meisten deutschen Städten verloren die Stadtmauern spätestens Anfang des 19. Jahrhunderts ihren Zweck", sagt Gürtler. „Viele wurden abgerissen, um Platz zu schaffen für große Boulevards und Parks. In Nürnberg aber blieb die Mauer erhalten."

Als die Stadt 1806 an Bayern fiel, verlor sie ihren Festungsstatus nicht. Das, sagt der Historiker, habe auch daran gelegen, dass der bayerische König in der Stadt Waffen lagern wollte. „Die Tore waren abends zu und auch bewacht." Ein Antrag auf Entfestigung wurde im Jahr 1863 abgelehnt, erst 1886 wurde der Festungsstatus aufgehoben, die Festung aber blieb wo sie war, „auch wenn immer wieder über den Abriss diskutiert wurde". Glücklicherweise erfolglos: Einzelne Mauerzüge mussten zwar dran glauben, aber der größte Teil der Stadtbefestigung blieb erhalten. Und mit ihr die Buchstaben, an denen man sich wunderbar orientieren kann. Außerdem: Welche Stadt kann schon von sich behaupten, dass man in ihr einen Buchstabenspaziergang unternehmen kann?

Eva-Maria Bast

....

So geht's zu den Buchstaben:

Die grüne Reihe des Alphabets beginnt mit dem A an der Spittlertormauer 15 und geht bis zum grünen N am Tiergärtnertorturman der Neutormauer 27. Der schwarze Bereich erstreckt sich von dem zur Jugendherberge gehörendenLuginsland auf dem Burgberg (A) bis zur Insel Schütt Nr. 34 (Z). Hier beginnt auch der blaue Abschnitt von der Insel Schütt Nr. 20 (A) bis zur Frauentormauer 9 (X). Mit dem roten A geht es an der Frauentormauer 15 weiter bis zum Z an der Spittlertormauer.

||

Alte und neue Hausnummer zieren den Eingang des Unschlitt-hauses. Dass sie auf Napoleon zurückgehen, verraten sie nicht.

Alte Hausnummer
Ordnung in den Straßen – dank Napoleon

D as Unschlitthaus gehört zu den besonders schönen Gebäuden in der Lorenzer Altstadt. Ursprünglich erbaut, um der Reichsstadt als Kornspeicher zu dienen, beherbergte das Sandstein-Bauwerk mit dem gotischen Portal und dem beeindruckenden Treppengiebel später das Unschlittamt. „Sein Name verweist auf das Abfallfett, das die Metzger zwischen 1562 und 1835 hier abliefern mussten", erklärt Dr. Barbara Schuster. Daraus, so die promovierte Physikerin, wurden dann andernorts Kerzen, Seife, Schmiere und Schuhwichse hergestellt. Doch so groß und beeindruckend das Gebäude ist, so klein und unscheinbar ist das Relikt, auf das die Gästeführerin deutet. Rechts neben dem Eingang Richtung Obere Wöhrdstraße ist es auf dem Sandstein angebracht:

No 26. Alte No L 171. Die Geschichte hierzu hat unmittelbar mit dem französischen Kaiser Napoleon (1769-1821) und mit Soldaten zu tun. Und Barbara Schuster weiß, warum.

„Nürnberg wurde im Lauf seiner Geschichte dreimal von französischen Truppen besetzt, das erste Mal, als die Soldaten Napoleons in den Koalitionskriegen nach Süddeutschland vorstießen und vom 9. bis 23. August 1796 hier Station machten", beginnt die Nürnbergerin zu erzählen. Unter dem Druck der Besatzer wurden zu jener Zeit erstmals in der Stadt Hausnummern eingeführt, und zwar nach den beiden Stadthälften beziehungsweise den beiden Pfarreien St. Lorenz und St. Sebald getrennt.

„Damit sollte gewährleistet werden, dass jedes Gebäude eindeutig identifizierbar war und die Einquartierung der Soldaten reibunglos funktonierte."

„Damit sollte gewährleistet werden, dass jedes Gebäude eindeutig identifizierbar war und die Einquartierung der Soldaten reibungslos funktionierte", macht Barbara Schuster deutlich. „Davor hatte es weder Hausnummern noch einheitliche Straßennamen gegeben. Wer eine bestimmte Adresse finden wollte, brauchte eine detaillierte Wegbeschreibung und den Namen des Hausherrn, oder er musste sich mit Hausnamen, Hauszeichen oder Ähnlichem behelfen."

Damit stand Nürnberg keinesfalls allein da. In den meisten europäischen Städten herrschte Verwirrung, was die genaue Zuordnung von Adressen anging – erst recht, da sich Hausnamen mitunter auch doppelten. Lediglich Paris war schon 1507 mit gutem Beispiel vorangegangen und hatte rund 300 Jahre, bevor andere Städte nachzogen, die Gebäude des Pont Notre-Dame mit Ziffern versehen. Nach der Französischen Revolution wurden dann um 1790 ganze Straßenzüge in Sektionen zusammengefasst.

Diese Idee war es also, die die Franzosen auch mit nach Nürnberg brachten und mit der sie dafür sorgten, dass Mitte der 1790er-Jahre Ordnung einkehrte in der Nürnberger Altstadt, streng getrennt nach Sebalder und Lorenzer Seite. Letztere erhielt ihre Nummerierung beginnend südlich der Fleischbrücke mit den

Hausnummern L1 bis L 1578. Erstere startete ihre Nummerierung an der Hauptwache mit S1 und führte sie fortlaufend weiter bis S 1706. Von da an profitierte nicht nur das *französische* Militär von den Ziffern auf den Hausfassaden, sondern auch das *einheimische*. Denn die Zahlen ermöglichten künftig den staatlichen Zugriff auf die in der Stadt lebenden Untertanen und erleichterten unter anderem die Rekrutierung

„Ab 1865 wurden die Häuser nicht mehr nach Stadtvierteln, sondern straßenweise durchnummeriert – rechts die geraden, links die ungeraden."

wehrfähiger Männer. Auch das Eintreiben von Steuern gestaltete sich leichter, wenn Menschen festen Adressen zugeordnet waren.

Die vergebenen Ziffern wurden anfangs direkt auf die Fassade gemalt und ab 1835 Schwarz auf Weiß über den Eingangstüren angebracht. Um sie von anderen Inschriften an der Außenmauer, etwa dem Baujahr, zu unterscheiden, erhielten sie oft die Abkürzung für das lateinische Wort „numero" vorangestellt, ein großes *N* mit einem hochgestellten kleinen *o*. So ist es auch am Unschlitthaus der Fall, wo außerdem ein *L 171* darauf verweist, dass das Haus auf der Lorenzer Seite steht und von der Fleischbrücke aus betrachtet das 171. Haus war.

„Ab 1865 wurden die Häuser nicht mehr nach Stadtvierteln, sondern straßenweise durchnummeriert – rechts die geraden, links die ungeraden", sagt Barbara Schuster. Das erklärt die noch heute gültige Hausnummer 26.

Heike Thissen

....

So geht's zur alten Hausnummer:

Eine von mehreren alten Hausnummern ist am Unschlitthaus in der Oberen Wöhrdstraße 26 rechts neben der Eingangstür zu sehen.

Dieses Notsatteldach war dem Haus nach dem Ende des Zweiten Weltkriegs eigentlich provisorisch aufgesetzt worden.

12

Notdach

Kriegsruine mitten in der Stadt

Die meisten Spuren des Zweiten Weltkriegs sind längst aus dem Stadtbild verschwunden. Dass nach dem verheerenden Angriff der Alliierten am 2. Januar 1945 neun von zehn Häusern in Nürnberg zerstört waren, kann man sich heute kaum noch vorstellen. Und doch gibt es in unmittelbarer Nähe zum Hauptmarkt ein Gebäude, das bei genauem Hinsehen als Kriegsruine zu erkennen ist. Das liegt vor allem an seinem Dach: Das Haus in der Winklerstraße 24 trägt immer noch das Notdach, das ihm nach Kriegsende eigentlich provisorisch aufgesetzt worden war. „So viele Leute laufen hier jeden Tag vorbei, aber wer nicht nach oben schaut, der sieht es nicht", bedauert Gabriele Stauß. Für die engagierte Heimatkennerin ist diese Narbe in der Nürnberger Altstadt ein gegenwärtiges Mahnmal für den Zweiten Weltkrieg und seine verheerenden Zerstörungen.

„Anfangs blieb Nürnberg von den Luftangriffen weitgehend verschont", erzählt die Gästeführerin. Doch die vielen Rüstungsbetriebe auf dem Stadtgebiet und die Rangierbahnhöfe des Knotenpunkts vieler Bahnverbindungen in die Kriegsgebiete machten die Stadt an der Pegnitz zu einem lohnenden Ziel für die Alliierten. Ihre Funktion als „Stadt der Reichsparteitage" trug ein Übriges dazu bei. Ab 1943 flog die Royal Air Force in regelmäßigen Abständen Luftangriffe, doch erst kurz vor Kriegsende fand mit dem 44. der verheerendste von ihnen statt. 521 Flugzeuge luden über der Altstadt 100 Luftminen, 6.000 Sprengbomben und rund eine Million Stabbrandbomben ab. Tagelang tobte in den Straßen ein Feuersturm, der vieles von dem wenigen zerfraß, was die Angriffe hatten stehen lassen. Mehr als 1.800 Männer, Frauen und Kinder waren nach dieser Nacht tot. 10.809 Wohngebäude wurden komplett zerstört, mehr als 3.800 schwer beschädigt. Hunderttausende Nürnberger hatten ihr Dach über dem Kopf verloren – im wörtlichen wie im übertragenen Sinn. Die Stadt war durch die Hölle auf Erden gegangen. Und das war durchaus die Absicht der Angreifer.

Das Vorgehen der britischen Streitkräfte folgte einem konkreten Plan, wie in einem Arbeitspapier über die Strategie der Luftangriffe der Royal Air Force vom 23. September 1941 nachzulesen ist: „Das höchste Ziel eines Angriffs auf einen städtischen Wohnbezirk ist es, die Moral der Bevölkerung zu brechen, die dort wohnt", heißt es darin. Um dies zu gewährleisten, müsse die Stadt physisch unbewohnbar gemacht und den Menschen das Bewusstsein einer ständigen persönlichen Gefährdung gegeben werden. „Deshalb haben wir ein unmittelbares Doppelziel, nämlich Zerstörung und Todesfurcht zu produzieren", lautet die Zusammenfassung.

Damit, dass der „deutschesten der deutschen" Städte ein solches Schicksal widerfahren könnte, musste Reichspropagandaminister Josef Goebbels (1897-1945) im Juni 1944 bereits rechnen, als er eine Rede auf dem vom späteren Notdach nur wenige Meter entfernten Hauptmarkt hielt. „Wenn dieser Krieg einmal zu Ende ist, werden wir uns einmal die Frage vorlegen: Wie viele Städte sind zerschlagen worden, wie viele wertvolle Gebäude, wie viele Krankenhäuser, Universitäten, Kirchen? Aber das ist dann nicht entscheidend, sondern entscheidend ist der Sieg", rief er den versammelten Nürnbergern zu, die noch nicht ahnten, dass sie knapp sieben Monate später genau dieses Schicksal erleben würden. „Wenn ich so eine Stadt überblicke mit ihren zerstörten Straßen und Teilen, mit ihren verkohlten Häuserruinen, und ich überschlage kurz: Wie viel Arbeitskräfte und wie viel Zeit und wie viel Material ist nötig, um das mit unseren modernen Baumethoden wieder in Ordnung zu bringen? – so kann ich nur sagen: Na, für Nürnberg knapp ein Jahr", fuhr Goebbels fort. „Für die Geschichte Nürnbergs bedeutet das nichts, es spielt keine Rolle." Doch damit hatte er weit gefehlt. Bis die 10,7 Millionen Kubikmeter Trümmerschutt nach Kriegsende beseitigt waren, sollten mehrere Jahre vergehen. Bis die Stadt wiederaufgebaut war, sogar Jahrzehnte.

Gabriele Stauß vor der Tür des Hauses mit dem Notdach.

Als die Feuer in jenem kalten Januar 1945 gelöscht waren und sich der Rauch verzogen hatte, stand vom Haus in der Winklerstraße 24 nicht viel mehr als die Front. Eine Aufnahme aus dem Oktober 1946 zeigt die Ruine als Skelett dessen, was das Gebäude einmal gewesen war, mit einem hoch aufragenden Giebel, dem sein Innenraum fehlte. Bis zum Bombardement nämlich hatte sich an dieser Stelle das „Haus zum Savoyischen Kreuz" befunden, ein beeindruckendes Sandsteingebäude, das über dem Erdgeschoss mit noch fünf weiteren Stockwerken hoch in den Nürnberger Himmel ragte. Ein verschnörkelter Giebel bildete den Abschluss zum Dach.

Und was ist geblieben? Zusammen mit dem Erdgeschoss sind es drei Etagen, die das Haus heute noch aufweist, vier, wenn man das Notdach mitzählt. „Nach dem Zweiten Weltkrieg wurde aus Sicherheitsgründen der Giebel abgetragen und das Gebäude nur in verkleinerter Form wiederaufgebaut. Innen ist von der historischen Substanz aus dem 14. und 15. Jahrhundert so gut wie nichts mehr übrig", sagt Gabriele Stauß und legt den Kopf in den Nacken, um bis zur Dachspitze sehen zu können.

> **„Nach dem Zweiten Weltkrieg wurde aus Sicherheitsgründen der Giebel abgetragen und das Gebäude nur in verkleinerter Form wiederaufgebaut."**

Übrig sind einige Schmuckelemente an der Fassade. Dazu gehört auch das Hauszeichen des Savoyischen Kreuzes, an dem das Gebäude für Ortsunkundige eindeutig zu identifizieren war, bevor es in Nürnberg offizielle Straßennamen und Hausnummern gab (siehe Geheimnis 11). Das weiße Kreuz auf rotem Schild auf der Westseite des Hauses ist zwar stark verblasst, aber es ist noch immer ein Zeichen des höchstgelegenen ehemaligen Herzogtums Europas um den Mont Blanc-Savoyen. Und auch die Heiligenfiguren der Gottesmutter Maria und des Erzengels Gabriel auf den Ecken des Gebäudes erinnern vage an die Pracht, die das Haus einst zeigte. Das Notsatteldach hingegen, das alles überspannt, verweist auf die Zeiten, als für viele Tausend Nürnberger etwas viel Wichtigeres eine Rolle spielte als eine hübsche Hausfassade – nämlich ein Dach über dem Kopf.

Heike Thissen

....

So geht's zum Notdach:

Das Notdach ist auf dem Haus in der Winklerstraße 24 zu sehen.

Andreas Neuer weiß, was für eine Funktion die seltsamen Haken am Turm des Handwerkerhofs einst hatten.

13

Straßenbahnrosette
Ein Stück Stahl voller Erinnerung

Was sind denn das für merkwürdige Eisenhaken, die da am dicken Frauentorturm am Königstor hängen? Eine Funktion haben sie ja offenbar nicht! „Aber früher, da spielten sie eine tragende Rolle", weiß Andreas Neuer, der schon als Zehnjähriger sein Faible für Stadtgeschichte entdeckte. „Es sind Oberleitungshaken der Straßenbahn", sagt er.

Sie haben ihre Funktion verloren, seit die Straßenbahn im Januar 1978 auf der Strecke vom Hauptbahnhof zum Weißen Turm eingestellt und an deren Stelle unterirdisch die U-Bahn eröffnet wurde. Die Nürnberger feierten das Ereignis, auch der noch junge Verein „Freunde der Nürnberg-Fürther Straßenbahn e.V." präsentierte sich und der junge Andreas Neuer wurde auf ihn aufmerksam. „Da war's um mich geschehen, denn ich war nicht nur Altstadt-, sondern auch Technikfan, mein künftiges Hobby war nun klar."

Inzwischen ist Neuer seit über 40 Jahren im Straßenbahnverein und in der Freizeit auch ehrenamtlicher Schaffner auf den Straßenbahnoldtimern. In den alten Wagen erzählt er und die anderen gut 40 „Hobby-Schaffner" die Geschichte der Stadt und ihrer Straßenbahn: Heinrich Alfes, ein Bremer Kaufmann (1821-1907), hatte in Nürnberg die Konzession für den Bau einer Straßenbahn erhalten – und so wurde am 25. August 1881 eine Pferdebahn vom Staatsbahnhof durch die Lorenzer Altstadt bis zum Ludwigsbahnhof am Plärrer eröffnet. Beachtlich dabei: Deren Stahlgleise wurden in nur wenigen Wochen verlegt, natürlich per Hand! Keine weiteren vier Wochen sollte es dauern, da hatten die fleißigen Gleisbauer die Schienen sogar bis über die Stadtgrenze hinaus zur Nachbarstadt Fürth gebaut.

Nach Hochs und Tiefs etablierte sich die Bahn binnen weniger Jahre. Aber der technische Fortschritt machte auch vor den Pferden nicht Halt, und so startete am 7. Mai 1896 ein elektrischer Betrieb vom Nürnberger Maxfeld vorbei am Centralbahnhof über Plärrer bis nach Fürth.

„Eine *Elektrische* brauchte natürlich Strom, den die Straßenbahn in einem eigenen Kraftwerk an der Fürther Straße erzeugte. Damit dieser aber zur Bahn gelangte, bedurfte es einer Zuleitung", erzählt Neuer weiter. Und nun kommen die seltsamen Eisenteile am Stadtmauerturm ins Spiel: Zwischen den Häusern wurden Drähte gespannt, um daran die Oberleitung der Straßenbahn aufzuhängen. Die Leitungen empfand man als hässlich, daher wurden zur Besänftigung der Gemüter wenigstens die Haken an schönen Bürgerhäusern mit Rosetten verziert, die man aus der Architektur kannte. Daher auch der Begriff Oberleitungsrosette."

Die neue, unbekannte Technik verunsicherte anfangs, die Tageszeitungen dramatisierten 1896 nicht selten: Es waren Warnaufrufe zu lesen, wonach „Mütter ihre Kinder in Sicherheit bringen, Hundebesitzer ihre Vierbeiner anleinen und Pferdekutscher ihre Zügel stramm halten sollen, wenn die unheimliche Bahn mit der atemberaubenden Geschwindigkeit von 6 Stundenkilometern die Fürther Straße hinunterrauscht". Auch der „Hausfrauenbund" reklamierte, würden die Spanndrähte näher an die Fenster rücken, so könne man Wäsche daran aufhängen. Die Elektrifizierung übertraf jedoch alle Erwartungen, und so wurde auch das letzte Pferd 1898 in Rente geschickt. Nachdem sich 1899 aufgrund einer Eingemeindungswelle die Stadt rasch vergrößerte, die bis dato private Straßenbahngesellschaft aber kein Geld hatte, um notwendige Netzerweiterungen umzusetzen, übernahm 1903 die Stadt Nürnberg den Straßenbahnbetrieb und erweiterte kräftig: In einem guten Jahrzehnt wuchs das Gleisnetz von 50 auf 127 Kilometer.

Der Erste Weltkrieg bescherte der Bahn dann aber in vielerlei Hinsicht Probleme: Da die Männer ins Feld ziehen mussten, hatte die Bahn mit Personalmangel zu kämpfen. Doch nun kam die Stunde der Frauen: Sie wurden ab 1915 als Schaffnerinnen und ab 1917 teilweise sogar als Fahrerinnen eingesetzt. Nachdem Krieg und Wirtschaftskrisen überwunden waren, wurde das Straßenbahnnetz zwischen 1925 und 1938 umfangreich erweitert.

Einer der geheimnisvollen Wandanker.

Mit dem Beginn des Zweiten Weltkriegs 1939 stand die Nürnberger Straßenbahn vor demselben Problem wie während des Ersten Weltkriegs: Es gab Personalmangel – und wieder waren es die Frauen, die die Arbeit übernahmen. Und dann kam der Bombenkrieg: Beim verheerenden Luftangriff vom 2. Januar 1945 wurde die Stadt samt Straßenbahn nahezu vollständig zerstört.

Noch im selben Jahr begann der Wiederaufbau. In den 1950er-Jahren nahm der Individualverkehr immer mehr zu, die Straßenbahn passte nicht mehr in die „autogerechte Stadt". War zuerst geplant, die Straßenbahn in der Stadt in Tunnelstrecken zu legen, entschied man sich 1965 für ein reines U-Bahn-System. 1972 wurde die U1 in Nürnberg-Langwasser eröffnet und läutete damit den Abbau der Straßenbahn in Nürnberg ein.

Inzwischen fahren in Nürnberg drei U-Bahn-Linien, zwei davon vollautomatisch ohne Fahrer. Dennoch erlebte die Nürnberger Straßenbahn 1995 mit der Neubeschaffung von modernen Straßenbahnwagen eine Renaissance, im Dezember 2016 wurde eine Neubaustrecke in das nördliche Nürnberger Umland eröffnet.

Auch wenn längst moderne Stahlmasten in der Gleismitte die Oberleitung tragen, zeugen die alten Oberleitungsrosetten an Fassaden in der Innenstadt oder eben am runden Frauentorturm noch von den Anfängen der Elektrischen vor über 120 Jahren.

Tipp für Spurensucher: Einfach mal mit dem „Sechs-Meter-Blick" in historischen Gassen nach oben sehen – die alten Wandrosetten künden stumm von der Zeit, als die Straßenbahn noch von Nürnberg nach Fürth und zurück fuhr.

Eva-Maria Bast

....

So geht's zur Straßenbahnrosette:

Straßenbahnrosetten sind in der ganzen Stadt zu finden. Zwei besonders schöne Exemplare hängen am Frauentorturm.

14

Büste

Ein ganz besonderes Grabmal

Es gibt eine Besonderheit am Grabmal von Johann Schlütter (1623-1646) auf dem Johannisfriedhof, die aufmerksamen Besuchern sofort auffällt: Im Gegensatz zu den meisten anderen hier Beerdigten hat er nach seinem Tod nicht einen liegenden, sondern einen aufrecht stehenden Grabstein bekommen. Noch dazu ist dieser in die Friedhofsmauer integriert. Doch nur jemand mit geübtem Auge erkennt eine zweite Besonderheit. Und so jemand ist Stadtheimatpflegerin Dr. Claudia Maué.

„Ich bin Skulpturenspezialistin für das 17. und 18 Jahrhundert und war von diesem Grabmal sofort fasziniert, nachdem ich ein Foto davon gesehen hatte", erinnert sich die promovierte Kunsthistorikerin an den Moment, in dem ihr Forscherdrang geweckt wurde. Der Grund hierfür: „Diese Bronzebüste des Beerdigten in Lebensgröße ist absolut ungewöhnlich für den Johannisfriedhof. So etwas findet man hier nur ganz selten." Zu sehen ist ein junger Mann mit schulterlangem, lockigem Haar in Kaufmannstracht. Und damit ist Johann Schlütter, der hier begraben liegt, ziemlich gut getroffen.

„Er kam 1645 aus Lübeck nach Nürnberg, um bei dem wohlhabenden Lederhändler Johann Doppelmayr in die Kaufmannslehre zu gehen", erzählt Claudia Maué. Der junge Mann war der Sohn eines Lübecker Handelsmanns, der mit Doppelmayr in guten Geschäftsbeziehungen stand. Er wähnte seinen Spross in Nürnberg in besten Händen – und das völlig zu Recht. „Doppelmayr behandelte Johann Schlütter wie seinen eigenen Sohn", sagt Claudia Maué über die Beziehung zwischen Lehrling und Meister. Doch weder sein leiblicher noch sein Ziehvater konnten den 23-Jährigen vor dem bewahren, was ihm im Februar 1646 auf einer Handelsreise nach Bozen zustoßen sollte.

„Europa befand sich mitten im Dreißigjährigen Krieg und es war gefährlich, sich mit einem Kaufmannszug über die Lande zu bewegen", erzählt die Stadtheimatpflegerin. Deshalb gehörten zu der Gruppe, die am 10. Februar 1646 aufbrach, neben Schlütter und neun weiteren Kaufleuten auch acht Soldaten. Sie reisten gerade auf der „Hohen Straße" im heutigen Landkreis Roth, als sie von 17 Reitern angehalten und nach dem Zweck ihrer Reise befragt wurden. „Die Nürnberger konnten sie abwimmeln, weil sie vorgaben, sie seien allesamt Soldaten. Doch vermutlich verriet sie der Wirt, bei dem sie anschließend übernachteten", mutmaßt Claudia Maué. Auf jeden Fall kehrten die Angreifer am nächsten Tag zurück, um die Handelsmänner auszurauben. Und dieses Mal gab es eine Schießerei, bei der Schlütter sich Verletzungen zuzog, die ihn das Leben kosteten. Der gesamte Tathergang und seine Folgen sind auch in den zwölf Schriftzeilen der großen Bronzetafel nachzulesen, die den Grabstein unterhalb der Büste ziert.

Johann Schlütter starb am 14. Februar 1646 in Hilpoltstein, 17 Stunden nachdem die Kugel ihn getroffen hatte. „Es wurden zwar noch zwei Ärzte aus Nürnberg zu ihm geschickt, doch die konnten nichts mehr ausrichten", erklärt die Kunsthistorikerin. Doppelmayr ließ ihn am 19. Februar in seiner eigenen Gruft beisetzen und gab zusammen mit den trauernden Eltern ein Jahr später einen Grabstein in Auftrag, der Experten wie Claudia Maué noch heute staunen lässt. „Dabei hat er in den vergangenen Jahrhunderten viel von seiner Pracht verloren. Im Originalzustand sah er noch viel beeindruckender aus." Zwei farbige Gemälde aus Kupfer sowie vergoldete Inschriften und Holzläden, die sich auf- und zuklappen ließen, fehlen inzwischen.

Doch warum erhält ein Kaufmannssohn aus Lübeck in Nürnberg ein dermaßen aufwendiges und aus der Art gefallenes Grabmal? Das fragten sich auch die Nürnberger des 17. Jahrhunderts und liefen Sturm gegen dieses prächtigste Grab von St. Johannis, das obendrein die Tradition des Epitaphgrabes ignorierte. „Schlütter bewegte sich mit seinem Lehrherrn in den allerbesten Kreisen Nürnbergs und war mit vielen bedeutenden Personen bekannt", erklärt Maué. Sein Ziehvater beauftragte die bedeutendsten Handwerker der damaligen Zeit mit der Gestaltung. Um den Entwurf und die Werkzeichnungen kümmerte sich der Architekt und Zeugmeister Johann Carl (1587-1665). Die Bronzebüste, die große Texttafel und das Wappen Schlütters bereitete Bildhauer Georg Schweigger (1613-1690) für den Guss vor, den Rotgießer Johann Wurzelbauer (1595-1656) dann ausführte. Für die Malereien, die heute nicht mehr zu sehen sind, zeichnete Künstler Michael Herr (1591-1661) verantwortlich. Dass das Grab in dieser Form überhaupt genehmigt wurde, begründete der Rat damit, dass es sich bei Schlütter ja nicht um einen Nürnberger handle.

Stadtheimatpflegerin Claudia Maué hat sich lange mit dem Grabmal von Johann Schlütter beschäftigt.

All dieser Aufwand machte die Einheimischen jedoch stutzig. „Es gibt eine Nürnberger Chronik aus dem Jahr 1650, die den Toten als einen gottlosen Kerl beschreibt, der ein Hasardeur gewesen sei und die Räuber mit seiner Tollkühnheit provoziert hätte. Außerdem beschimpften sie Doppelmayr als Korduanmacher und Schuster, setzten also seine Geschäfte mit dem kostbaren Corduan- oder Maroquin-Leder herab", weiß Claudia Maué aus ihren Recherchen.

„Das drückt gut aus, wie viele Menschen sich über dieses prachtvolle Grab aufgeregt haben und wie deplatziert sie es fanden. Ich bin mir sicher, dass sich kein Nürnberger getraut hätte, so ein Grab für sich anlegen zu lassen, erst recht nicht mit einer vollplastischen Büste."

„Diese Bronzebüste des Beerdigten in Lebensgröße ist absolut ungewöhnlich für den Johannisfriedhof. So etwas findet man hier nur ganz selten."

Deshalb habe das Ehepaar Schlütter senior eigens eine von Ratskonsulent Georg Richter (1592-1651) formulierte Tafel anbringen lassen, die den Friedhofsbesuchern erklären sollte, wie unbeschreiblich groß die Trauer der Eltern sei. Doch die Tafel wurde immer wieder entwendet. Darauf war zu lesen: *Dis Grab ist nicht gemacht / Auß Hoffarth oder Pracht: / Der Eltern Herzeleid / Ein Denkmal hat bereit / An diesem frembden Ort, / Da kläglich ligt ermord, / Ihr einig liebes Herz: / Die Hand ist wo der Schmertz.* Dass es den Eltern ernst war mit dem Gedenken an ihren Sohn, davon zeugt auch ein Kreuzstein am Tatort bei Hilpoltstein. Dort steht er noch heute und ist wesentlich bescheidener und unauffälliger als sein Pendant in Nürnberg.

Heike Thissen

....

So geht's zur Büste:

Die Büste von Johann Schlütter ist auf seinem Grabmal auf dem Johannisfriedhof zu sehen. Es befindet sich im Bereich D und trägt die Nummer 22a.

Warum ziert ein braunes Hexagramm die Außenfassade eines Altstadtgebäudes?

15

Brauerstern
Dem Davidstern zum Verwechseln ähnlich

Im Biergarten der Hausbrauerei Altstadthof lässt es sich im Sommer hervorragend verweilen. Besucher kommen nicht nur wegen dem kühlen Bier und den herzhaften Speisen, sondern auch wegen der fränkischen Lebensart, die sie hier genießen können. Und während sie dort sitzen, reden und lachen, prangt hoch oben über ihnen an einer Hausfassade ein rotbraunes Hexagramm. Der Davidstern? „Nein", sagt Diplombraumeister Reinhard Engel, „das ist ein Brauerstern. Aber die beiden sehen gleich aus." Hin und wieder werde er auf den Stern angesprochen. Doch den meisten Besuchern falle er gar nicht auf.

„Der Stern ist erst seit vergleichsweise wenigen Jahren wieder zu sehen", erklärt Engel. Um das Jahr 2000 herum war es, als das Fachwerkhaus im Hof des Brauereibiergartens renoviert und von seinem Putz befreit wurde. Und bei dieser Gelegenheit kam auch der Brauerstern zum Vorschein. „Dass der hier angebracht ist, hat seine Berechtigung. Immerhin ist für diesen Standort schon im 17. Jahrhundert eine Braustätte überliefert. Und diese wurde entsprechend markiert." Das Recht, Bier auszuschenken, war im Mittelalter oft an das Recht, Bier zu brauen, gekoppelt. „Hier in Nürnberg durften sogar ausschließlich die Brauhäuser Bier ausschenken. Bierschanken in Form einer Wirtschaft, wie wir sie heute kennen, gab es bei uns erst ab 1540", erläutert der Nürnberger.

Seit Beginn des 15. Jahrhunderts ist überliefert, dass Brauer den sechszackigen Stern benutzten, um ihre Arbeits- und Verkaufsstätte zu markieren. Das Zunftzeichen besteht aus zwei übereinanderliegenden Dreiecken, die zum einen die zum Brauen benötigten Naturelemente Feuer, Wasser und Luft symbolisieren, zum anderen die Zutaten Wasser, Malz und Hopfen. „Hefe kannte man damals noch nicht", erklärt der Braumeister. Das Hexagramm war aber auch ein alchemistisches Symbol und diente darüber hinaus als Abwehrzeichen gegen Feuer und Dämonen. Somit vereinte der Sechsstern für die Brauer viele positive Elemente in sich.

Für das Judentum hingegen hat der sechszackige Stern eine ganz andere Bedeutung: Er ist die symbolhafte Darstellung der Beziehung zwischen den Menschen und ihrem Schöpfer. „Um den einen vom anderen unterscheiden zu können, haben Brauer oft ihre Anfangs-

Braumeister Reinhard Engel lässt sich im Biergarten des Altstadthofes ein Rotbier schmecken.

buchstaben oder einen Bierkrug in das Hexagramm eingefügt", erklärt der Braumeister. Tatsächlich haben die beiden nur ihre Optik gemeinsam. „Mit den Juden hat der Brauerstern nichts zu tun, zumal diese im Mittelalter kein Handwerk ausüben durften und somit nicht als Brauer arbeiten konnten", sagt er.

Der Brauerstern, der auch als Bierstern oder – in der Oberpfalz – als Zoiglstern bekannt ist, diente im Mittelalter dazu, den Menschen, die weder lesen noch schreiben konnten, anzuzeigen, wo es frisches Bier gab. Dabei gab es in Schänken mit rotem Stern dunkles Bier, in denen mit hellem Stern hingegen helles Bier. Wegen seiner Ähnlichkeit mit dem Judenstern verschwanden die Symbole in den Jahren des Nationalsozialismus von den Fassaden der Häuser und den Aushängeschildern der Brauereien.

„Inzwischen besinnen sich aber etliche Brauereien wieder auf dieses alte Zunftzeichen. Wir ja auch", sagt Reinhard Engel und schaut nach oben zum Brauerstern seines Unternehmens, der noch aus den Zeiten stammt, als nicht der Altstadthof, sondern das Rote Brauhaus hier Bier herstellte. „Schon im frühen Mittelalter brauten die Nürnberger Rotbier als Stadtbier. Unsere Vorfahren mussten sich dabei schon lange vor dem Erlass des Bayerischen Reinheitsgebot von 1516 an ein strenges Braugesetz halten, das den alleinigen Gebrauch von Gerstenmalz zum Bierbrauen vorschrieb", betont er. Auch das Brauen und der Vertrieb des untergärigen Rotbiers wurde in der Noris streng überwacht, und die steuerlichen Abgaben, die die Hersteller zahlen mussten, waren hoch.

Davon profitieren Biertrinker in der Stadt noch heute, denn immer noch kann man hier hervorragend frisch gebrautes Bier konsumieren. Der Brauerstern des Altstadthofs zeigt an, dass das auch hier möglich ist.

Heike Thissen

....

So geht's zum Brauerstern:

Der Brauerstern ist im Hof der Hausbrauerei Altstadthof, Bergstraße 19-21, am Fachwerkgebäude in der rechten Ecke zu sehen.

Ein Pelikan füttert seine Jungen mit seinem eigenen Fleisch. Dieses Motiv ist aus vielen Kirchen bekannt. Aber hier prangt es an einem weltlichen Gebäude.

16

Pelikan

Vom Selbstverständnis der Ratsherren

Wer die Westseite des Alten Rathauses mit all ihren Details betrachten will, sollte sich Zeit nehmen – dort gibt es so viel zu sehen. Doch wer mit einer Stadtkennerin wie Gabriele Stauß unterwegs ist, kann die Symbolik, die hinter den Ornamenten steckt, auch richtig deuten. Das gilt gleichermaßen für den Pelikan über dem Hauptportal. Er steht in seinem Nest mit drei Jungen zu seinen Füßen und ist gerade dabei, seine Brut zu füttern – mit Fleisch, das er sich aus der eigenen Brust gerissen hat.

„Dieses Bild kennt man ja aus vielen Kirchen. Hier wird der Pelikan zum Symbol für Christus, der durch sein Blut die Kinder Gottes vom ewigen Tod erlöst", erklärt die Gästeführerin. Doch bei dem Bauwerk, vor dem sie gerade steht, handelt es sich nicht um ein kirchliches, sondern um ein weltliches Gebäude. „An dieser Stelle erinnert der Vogel an eine gewissenhafte und gute Obrigkeit, die sich nicht scheut,

Opfer für ihre Bürger zu bringen", nimmt Gabriele Stauß Bezug auf den Rathaus-Pelikan. Das Selbstverständnis der Ratsherren wird unterstrichen durch eine Inschrift, die unter dem abgebildeten Vogel zu sehen ist: „Die vier goldenen Buchstaben *P.L.E.G.* stehen für den lateinischen Ausspruch *Prudentia, Legibus et Gratia* – also dafür, dass der Rat durch Weisheit, Gesetz und Gnade regiert."

Der Rat der Stadt Nürnberg hatte sich also einiges vorgenommen, als er ab 1616 ein neues Rathaus im italienischen Renaissancestil erbauen ließ. „Zu jener Zeit hatten die meisten Städte zwischen 1.000 und 2.000 Einwohner, in der florierenden Reichsstadt an der Pegnitz wohnten 40.000 Menschen", erklärt Gabriele Stauß. „Nachdem es die zweitgrößte Stadt im Heiligen Römischen Reich Deutscher Nation war, brauchte es natürlich ein entsprechend großes und repräsentatives Rathaus."

Sechs Jahre dauerten die Bauarbeiten nach den Plänen des Architekten Jakob Wolff des Jüngeren (1571-1620), weshalb dieser Teil des Rathauses auch *Wolff'scher Bau* heißt. Für die Skulpturen über den Barockportalen, zu denen auch der Pelikan zählt, war der Bildhauer Leonard Kern (1588-1662) verantwortlich. Dort sind vor allem Tiere zu sehen, die dem Propheten Daniel in einer Vision erschienen sind und von denen die Bibel im Alten Testament im 7. Kapitel des Buches Daniel berichtet. Darstellungen dieser Tiere kombinierte Kern mit den Allegorien der vier antiken Weltreiche und stellte deren Herrscher Nebukadnezar für das assyrisch-babylonische, Kyros für das persische, Alexander den Großen für das

Am Wolff'schen Bau des Alten Rathauses gibt es viele spannende Details zu entdecken.

griechische und Julius Cäsar für das römische Reich über den Eingängen dar. „Der Fassadenschmuck entstand 1617, hundert Jahre nach Beginn der Reformation. Er zeigt deutlich, dass sich die Stadträte auf die protestantische Seite Luthers geschlagen hatten und sich von typisch katholischer Symbolik abwandten", erklärt Gabriele Stauß. Auf den Pelikan als christliches Symbol für Opferbereitschaft griffen sie dennoch zurück.

„Der steht hier nicht nur dafür, dass der Rat gegenüber dem Volk Gnade vor Recht walten lassen soll, sondern auch gegenüber den Straftätern, die in den Lochgefängnissen im Rathaus auf ihr Urteil warteten", fügt die Gästeführerin an.

So viel Symbolik, die in einem einzigen Tier steckt! Dabei füttert der Pelikan seine Jungen nicht mit seinem eigenen Fleisch. Vielmehr holen sich die Küken ihr Futter tief aus dem

„An dieser Stelle erinnert der Vogel an eine gewissenhafte und gute Obrigkeit, die sich nicht scheut, Opfer für ihre Bürger zu bringen."

Kehlsack der Eltern, was aus einiger Entfernung betrachtet so aussieht, als würden sie sich an seinem Brustfleisch bedienen. Außerdem färbt sich der Kehlsack des Krauskopfpelikans in diesen Wochen rot, sodass er während der Brutzeit wirkt, als hätte er eine blutige Wunde am Hals. Erstmals verwendet wurde der Pelikan als aufopferungsvolles Elterntier in der Naturlehre *Physiologus* aus dem 2. bis 4. Jahrhundert. Hier öffnet sich der Vogel die eigene Brust, um mit seinem Blut seine toten Kinder wieder zum Leben zu erwecken.

So weit, sich selbst für seine Bürger zu opfern, wäre vermutlich kaum ein Nürnberger Ratsherr im Ernstfall gegangen. Sie über dem Hauptportal des Alten Rathauses ständig daran zu erinnern, dass sie für das Wohl von anderen verantwortlich waren, schadete aber mit Sicherheit nicht.

Heike Thissen

....
So geht's zum Pelikan:

Der Pelikan ist am Rathausplatz 2 an der Westseite des Wolff'schen Baus des Alten Rathauses über dem Mittelportal zu sehen.

17

Gutzlöcher

Für Tauben und gegen Feuersbrunst

Dann und wann hat aus diesen kleinen Häuschen oben auf dem Dachgiebel eine Taube herausgeschaut – wie der Kuckuck aus der berühmten Schwarzwalduhr. Doch die Historikerin Carmen Machmuridis-Lösch weiß, dass die für Nürnbergs Barockhäuser typischen kleinen Dachaufbauten – von denen allerdings nur wenige erhalten sind – noch anderen Zwecken dienten. „Das sind sogenannte Gutzlöcher, auch Dachhäuslein oder Hahnenkamm genannt", erzählt sie. „Wenn man weiß, wo sie sich verstecken, kann man sie heute noch an dem einen oder anderen Haus in der Stadt sehen."

Ihre Nutzung war denkbar unterschiedlich. Zum einen seien sie gern für die Taubenzucht verwendet worden: Auf vielen Dachböden der „heimlichen Taubenhauptstadt", wie Nürnberg liebevoll genannt wird, befanden sich Holzverschläge für die Vögel, die durch die Gutzlöcher hinein- und hinausfliegen konnten. Das sei aber nicht ihr eigentlicher Zweck gewesen: Der Nürnberger Stadtchronik ist zu entnehmen, dass das Bauamt im 17. Jahrhundert Bauherren genehmigte, wegen der Brandgefahr Gutzlöcher bei ihren Schornsteinen anzubringen. Im Wortlaut heißt es, einem Bürger wurde gestattet, das Gutzloch „zwischen seine Schlöt wegen feuers brunst" zu setzen. Damit, folgert die Gästeführerin, sei es klar: „Die Gutzlöcher dienten in erster Linie dem Brandschutz. Deshalb befinden sie sich auch in der Nähe von Kaminen. Im Brandfall konnte man von oben Wasser in die Kamine schütten." Auf diese Weise ließen sich Schlotbrände beobachten und bekämpfen. Tauben mögen sich dort vielleicht ebenfalls wohlgefühlt haben.

Auch in der Literatur ist von diesen Gutzlöchern häufig die Rede, zum Beispiel in den Mundartgedichten von Wolfgang Weikerts aus dem Jahr 1857. Hier heißt es: *Der Phöbus nehmt sei Perspektiv / Und sicht von Gutzluch nunter*, er blickt also von seinem

Carmen Machmuridis-Lösch kennt das Geheimnis des kleinen Häuschens auf dem Giebel.

69

Gutzloch aus in die Ferne. „Klar", schmunzelt die Gästeführerin, „die Aussicht oder auch der Himmel ließen sich von hier oben bestimmt besonders gut beobachten." Das Hinausschauen hieß umgangssprachlich „gutzen", daher auch die Bezeichnung.

Von der Verwendung der Gutzlöcher als Taubenschlag war das Bauamt der Stadt allerdings nicht begeistert, wie in einem Aufsatz

Das Gutzloch hoch oben auf dem First.

des Bezirks Mittelfranken im Verband Bayerischer Rassegeflügelzüchter zu lesen ist: Aus dem Jahr 1709 existiere ein Protokoll, in welchem dem Bauherrn zwar erlaubt wird, „ein Gutzloch zu oberst auf dem Först des Daches ausbrechen zu dörffen", aber nur „unter der expressen Condition, solches ja nicht zu den taubenhalten zugebrauchen, widrigen falls und auf der Nachbarn Beschwehrung er es wieder abzuthun schuldig und gehalten seyn solle".

Denn die Taubenzüchterei bot durchaus Anlass für so manchen Nachbarschaftsstreit. 1594 untersagte der Rat einen „hohe[n] Ercker und Taubenschlag", weil er „nit allein wider die Reformation [bürgerliches Gesetzbuch der Stadt Nürnberg], sonder[n] auch den Nachbarn gantz beschwehrlich seye". Auch im 18. Jahrhundert gab es Beschwerden über Taubenschläge, die „auf das Dach" oder „über die Dachrinne" gesetzt sind.

Darüber, dass Vögel aus Nachbars Giebel schauen, muss sich heute keiner mehr ärgern, die meisten Gutzlöcher sind nicht mehr erhalten. Auch um einen Kaminbrand zu löschen, muss niemand mehr durch das Gutzloch auf sein eigenes Dach klettern – das erledigt die Feuerwehr in allerbester Weise.

Eva-Maria Bast

So geht's zu den Gutzlöchern:

Man findet sie an den Häusern Bergstraße 23 und Schlehengasse 15 sowie am Fembohaus.

Tiergarten-Direktor Dag Encke gefällt der Eingang des Zoos mit seinen beeindruckenden Bronzelöwen sehr gut.

Bronzelöwen

Warum der König sein Revier wechseln musste

„Heroische Gestalten mag ich eigentlich nicht, aber schöne Frauen schon", meint Direktor Dag Encke lachend, während er die Bronzefiguren am Eingang des Nürnberger Tiergartens betrachtet. „Und diese Frau ist auch noch ziemlich zupackend, sie greift der Löwin an den Hintern." Ein Löwen- und ein Menschenpaar hat Bildhauer Philipp Kittler (1861-1944) in Bronze gestaltet als Entree in die Welt der Tiere. Kittler war ein bekannter Künstler, der bayerische König Ludwig III. (1845-1921) hatte ihn 1918 zum Professor ernannt.

Doch die Löwengruppe fertigte er nicht für den heutigen Tiergarten an. Der Zoo befand sich nämlich ursprünglich einige Kilometer entfernt am Dutzendteich: Engagierte Bürger, nicht die Stadt, hatten ihn 1912 gegründet. Mit Spenden brachten sie damals 700.000 Goldmark zusammen – eine ungeheure Summe. Die Eröffnung war

71

ein gesellschaftliches Ereignis: Auf der Einladungskarte war „Frack" für die Männer vorgeschrieben. Die Ehrengäste stolzierten durch die Pforte an den mächtigen Bronzelöwen vorbei.

Der kleine Kakadu am Kopf der Löwin erinnert daran, dass es am ursprünglichen Standort des Zoos eine Papageien-Allee gab. Sie war bei den Besuchern sehr beliebt: Die Gäste liefen an den Aras entlang, die an Holzständern angekettet ihren Weg säumten, und sie versuchten, die Vögel zum Sprechen zu bringen.

Aber warum mussten die eindrucksvollen Bronzelöwen überhaupt ihr Revier wechseln? Das hat mit der NS-Diktatur zu tun. 1939 schloss der Tiergarten am Dutzendteich zwangsweise: Die Nationalsozialisten wollten genau hier ihr Reichsparteitagsgelände aus dem Boden stampfen. Obwohl Rücksicht wirklich keine Eigenschaft ist, die man mit der NS-Diktatur verbindet, waren die Nazis zunächst merkwürdig zögerlich: Sie befürchteten, dass es bei den Nürnberger Bürgern einen Aufstand geben würde, wenn man ihren Zoo einfach dicht macht. Daher erwarben sie die Mehrheit der Aktien und präsentierten gleichzeitig ein Ausweichquartier. Unterm Strich war der Ortswechsel für den Tiergarten

Der Kakadu am Kopf der Löwin erinnert daran, dass es im ursprünglichen Tiergarten am Dutzendteich eine Papageien-Allee gab.

ein sehr guter Tausch: Am heutigen Standort hat die „Arche Noah" dreimal so viel Platz und die direkte Einbettung in den Reichswald steigert das Naturerlebnis noch. Der Tiergarten wurde neu gebaut, vom alten kam nichts mit – bis auf eines: die Bronzeskulpturen von Philipp Kittler, die in der heute noch aktiven Nürnberger Bronzegießer-Werkstatt Lenz hergestellt wurden.

Ist der König der Tiere eigentlich anatomisch richtig dargestellt? Biologe Dag Encke nickt. „Die Proportionen stimmen, nur haben echte Löwen keine solche Dauerwelle. Die Frisur ist die gleiche wie die des Heroen daneben."

Encke schaut den Tiergarten-Eingang immer noch gern an. Im Wandel der Jahreszeiten liegt mal Schnee auf dem Rücken der Bronzelöwen, dann wieder funkelt die Sonne auf dem Metall. Und die Vogelwelt hat sich schon lange mit

> *„Die Proportionen stimmen, nur haben echte Löwen keine solche Dauerwelle."*

dem gefährlichen Raubtier arrangiert: Im Frühjahr brüten gelegentlich Meisen im offenen Maul der Großkatzen.

Übrigens: Für den Tiergarten ist das Bronzelöwen-Paar auch ein sehr geschickter Fingerzeig auf die Paradetiere. Denn als vor wenigen Jahren die Elefantenhaltung aufgegeben wurde, war die Enttäuschung der Besucher groß. Es gab Proteste, immerhin 95 Jahre lang hatten die Dickhäuter zum festen Inventar gehört. Da traf es sich gut, dass der Tiergarten nun die direkte Nachbarschaft des Raubtierhauses mit den Löwen und Tigern neu geordnet hat. Jetzt ist ein regelrechter „Cat-Walk" entstanden: Neben den majestätischen Großkatzen kann man auch Luchse sowie Fischkatzen dort herumschleichen sehen. Eine große Auswahl also, auf die man am Eingang bereits eingestimmt wird.

Hartmut Voigt

So geht's zu den Bronzelöwen:

Die Tierskulpturen stehen am Eingang des Nürnberger Tiergartens. Die Adresse lautet Am Tiergarten 30.

Eine Linde für die Linde: Der Baum in der Lorenzer Straße erinnert an Johanna Linde Hübsch.

19

Linde

Erinnerung an die Nürnberger Suppenfee

Inmitten des Kreisverkehrs in der Lorenzer Straße steht eine ganz besondere Linde. Doch kaum einer der Autofahrer, die sie umrunden, um in die Theatergasse oder die Peter-Vischer-Straße abzubiegen, schenkt ihr Beachtung. Und er liest im Vorbeifahren erst recht nicht die Hinweistafel, die dort verborgen hinter Pflanzen erklärt, warum der Baum nicht irgendein Baum, sondern einer mit Bedeutung ist. „Diese Linde erinnert an eine Frau namens Johanna Linde Hübsch", erklärt Gästeführerin Karola Gärtner und lächelt. Vielen älteren Nürnbergern geht es wir ihr, wenn sie den Namen hören: Es breitet sich ganz automatisch ein beinahe liebevolles Lächeln auf ihrem Gesicht aus.

„Johanna Linde Hübsch war eine Marktfrau, die jahrzehntelang tagein, tagaus und jahrein, jahraus hier in der Nürnberger Innenstadt auf den Märkten unterwegs war", beginnt Karola Gärtner von der blonden Frau zu erzählen. „Und man konnte sie schon hören, bevor man sie sah." Der Spruch, mit dem sich Johanna Linde Hübsch (1935-2002) nicht nur einen Platz im Gedächtnis der Nürnberger, sondern auch in ihren Herzen sicherte, war „A Tässle Supp'n?" Denn sie verkaufte Produkte wie Suppenpulver, Soßen, Streuwürzen und vieles mehr, und schenkte täglich bis zu 300 Liter kostenlose Brühe aus. „Jeder hat bei ihr eine Tasse heiße Suppe bekommen, der Obdachlose genauso wie der Bankdirektor. Dabei war völlig klar, dass nicht jeder ihr danach etwas abkaufen würde. Sie hat im Anschluss nie versucht, einem etwas anzudrehen", erinnert sich Karola Gärtner. „Ihre Freundlichkeit hat genauso gut getan wie ihre Suppe." Auch die Gästeführerin gehörte zu den Nürnbergern, die sich gern eine Tasse Suppe holten. „Das war wunderbar, vor allem, wenn man im Winter durchgefroren war."

Johanna Linde Hübsch war die Frau eines Pastors und Mutter von sechs Kindern. Ursprünglich hatte sie mit dem Suppenverkauf auf Kirchweihen in der Region und auf Märkten und Messen begonnen, um sich ein Zubrot zu verdienen. Später wurde ihr der Ausschank auf dem Hauptmarkt erlaubt, und von da an war ihr ein fester Platz im Herzen der Nürnberger sicher. Magdalena Stange, eine ihrer Töchter, weiß, dass ihre Mutter den Menschen viel mehr gab als nur eine heiße Suppe: „Viele von denen, die ihr an den Stand kamen, erzählten ihr von ihren Problemen und Sorgen. Und sie hatte ein offenes Ohr für jeden."

Karola Gärtner erinnert sich bei dem Baum gern an die Suppenfee.

So groß war das Engagement von Johanna Linde Hübsch für die Nürnberger, dass ihre Kinder Ende der 1990er-Jahre fanden, es sei an der Zeit, die Mutter dafür zu ehren. „Wir haben zusammen mit der Stadt erreicht, dass sie 1999 mit der Verdienstmedaille des Verdienstordens der Bundesrepublik Deutschland ausgezeichnet wurde", erklärt Magdalena

Stange. Drei Jahre später starb die Nürnberger Suppenfee nach 40 Jahren im Einsatz für ihre Suppen. „Am Tag vor ihrem Tod stand sie noch im Wagen und hat Suppe ausgeschenkt. In der Nacht erlitt sie einen Herzstillstand", sagt ihre Tochter. Doch vergessen wurde Johanna Linde Hübsch nicht, immerhin war sie über Jahrzehnte ein fester Bestandteil des innerstädtischen Lebens gewesen. Schon kurz nach ihrem Tod beschloss ihre Familie zusammen mit dem Journalisten und Autor Klaus Schamberger, ihr ein Denkmal zu setzen. „Es dauerte einige Zeit, bis wir zusammen mit der Stadt und dem Marktamt einen geeigneten Standort fanden. Für den Kreisverkehr in der Lorenzer Straße haben wir dann das O.K. bekommen", erzählt Magdalena Stange.

> *„Am Tag vor ihrem Tod stand sie noch im Wagen und hat Suppe ausgeschenkt. In der Nacht erlitt sie einen Herzstillstand."*

Auf Kosten der Familie wurde im März 2003 also die Linde gesetzt und eine Gedenktafel angebracht. Knapp 600 Meter Fußweg trennen deren Standort von Johanna Linde Hübschs Wirkungsstätte auf dem Hauptmarkt. Jedes Mal, wenn Karola Gärtner an dem Baum vorbeikommt, denkt sie daran, wie wohltuend eine Begegnung mit der Marktfrau und ihrer heißen Brühe war. Und damit ist sie in Nürnberg nicht alleine. Doch wer nicht in den Genuss kam, sich an kalten Wintertagen zu einem „Tässle Supp'n" überreden zu lassen und sich daran zu wärmen, der kann auch mit der Linde in der Lorenzer Straße nichts anfangen.

Heike Thissen

So geht's zur Linde:

Die Linde steht auf dem Kreisverkehr in der Lorenzer Straße zwischen Theatergasse und Peter-Vischer-Straße.

20

*Ein Stück Mittelalter im 21. Jahrhundert: der
Wolframsbrunnen in der Lorenzer Straße.*

Wolframsbrunnen

Mühsame Suche nach dem Schacht

A lles begann mit einem Gespräch zwischen Großvater und Enkel. 1974 erzählte Hans-Martin Neubauer dem damals neunjährigen Wolfram von einem mysteriösen mittelalterlichen Brunnen, der sich angeblich im Kellerboden des Einrichtungsgeschäfts befand. „Damals gab es hier Bauarbeiten, bei denen der Brunnen zwar entdeckt, dann aber als störendes Objekt überbaut wurde", erzählt Wolframs Mutter Claudia Schweizer. Kaum jemand bekam etwas von der Sache mit, nur der Großvater und die Bauarbeiter wussten Bescheid. Erst Jahre später erinnerte sich Wolfram, inzwischen erwachsen geworden, an die Unterredung. „Gell, Mutter, ich glaub, der Opa hat gsacht, wir ham an mittelalterlichen Brunnen unterm Keller", erzählte er nebenbei und weckte damit den Forscherdrang in seiner Mutter, die erst ruhen wollte, wenn der Brunnen entdeckt und freigelegt wäre.

Doch das war nicht etwa einfach. „Wir hatten keine Ahnung, wo sich der Brunnen befinden könnte. Bei 240 Quadratmetern Kellerfläche wussten wir gar nicht, an welchem Ort wir mit der Suche anfangen sollten", erinnert sich Claudia Schweizer an die aufregenden Monate. Sie hoffte, im Stadtarchiv wichtige Hinweise zu finden. Doch ohne Erfolg. Unterlagen aus der Zeit der ersten Bebauung auf dem Grundstück kurz nach 1500 gab es nicht. Und in den Plänen aus dem Jahr 1875, als das Vorderhaus neu errichtet wurde, war von einem Brunnen auch nichts zu sehen. „Damals wusste ich noch nicht, dass der Brunnen zu diesem Zeitpunkt nicht mehr in Gebrauch war und vermutlich deshalb nicht erwähnt wurde", erklärt die Geschäftsführerin des Familienbetriebs die mühsame Suche nach Informationsschnipseln.

Fündig wurde sie schließlich auf einem Stadtplan von 1811, in dem alle Brunnen der damaligen Zeit verzeichnet waren – auch die in privaten Höfen. „Und da war er plötzlich, unser Brunnen", erinnert sich Claudia Schweizer an den Moment des Durchbruchs. Kaum zu erkennen zwar im Maßstab 1 : 2.500, aber er war da, als Punkt im Hof des damaligen Anwesens für die Nachwelt festgehalten. 1.206 Brunnen habe es damals in der Altstadt gegeben, 1.065 davon seien private Haus- und Hofbrunnen gewesen. Und einer davon war der in der heutigen Lorenzer Straße 5.

Jetzt wussten Claudia Schweizer und ihre Familie immerhin, dass es den Brunnen gab, und auch, wo ungefähr er sich befinden könnte. Versuchsbohrungen im Keller halfen dabei, seinen tatsächlichen Standort festzustellen. Nachdem das benachbarte Bankinstitut, dessen Gebäude Mauer an Mauer mit den Geschäftsräumen und damit auch mit dem Brunnen steht, seine Zustimmung gegeben hatte, konnten die Grabungsarbeiten beginnen. Denn entgegen der Aussage des Großvaters, dass der Schacht lediglich überbaut sei, war er doch auch randvoll aufgefüllt worden. In 13,50 Metern unterhalb des heutigen Straßenniveaus schließlich stieß der Bagger beim Ausräumen auf Wasser.

„Es war im Mittelalter ziemlich einfach, im Nürnberger Stadtgebiet Brunnen zu graben", erklärt Claudia Schweizer, die sich nicht nur mit ihrem eigenen Brunnen im Besonderen, sondern auch mit der Wasserversorgung in ihrer Heimatstadt im Allgemeinen beschäftigt hat. „Das Grundwasser liegt fast überall in relativ geringer Tiefe und ist somit gut zu erreichen." Bei Schächten wie dem Wolframsbrunnen – benannt nach dem Sohn, der von dem Brunnen erzählt hatte – genügte es, von Hand den anfangs noch lockeren, sandigen Untergrund abzutragen und zur Sicherung gegen Einsturz auszumauern. Erst wenn man im Untergrund auf festen Keupersandstein stieß, musste man den Brunnen in den standfesten Fels meißeln.

„Aber so viel steht fest, dass er noch zur Zeit Albrecht Dürers entstanden sein muss und dann vermutlich bis in die Mitte des 19. Jahrhunderts in Gebrauch war."

Die genaue Geschichte des Brunnens ließ sich trotz aller Bemühungen nicht rekonstruieren. „Aber so viel steht fest, dass er noch zur Zeit Albrecht Dürers entstanden sein muss und dann vermutlich bis in die Mitte des 19. Jahrhunderts in Gebrauch war", erklärt Claudia Schweizer. Als die neue städtische Wasserleitung ab 1856 das Anwesen versorgte, war die Nutzung des alten Wasserschachtes auch aus hygienischen Gründen untersagt worden.
Heute jedoch ist der Wolframsbrunnen wieder frei zugänglich – jedenfalls immer dann, wenn das Geschäftshaus geöffnet ist. Claudia Schweizer freut sich über jeden Besucher, der mit ihr anhand des Brunnens einen tiefen Blick ins Mittelalter der Stadt Nürnberg werfen will.

Heike Thissen

So geht's zum Wolframsbrunnen:

Der Wolframsbrunnen befindet sich im Keller des Hauses Lorenzer Straße 5. Er ist zu besichtigen zu den Öffnungszeiten des Einrichtungshauses Neubauer.

Morlock

LOTTO

Bayern

Birgit Bussinger

21

Lotto-Laden
Fußball-Weltmeister von 1954 an der Kasse

Fußball ist seit Langem ein absurdes Millionengeschäft: Der bislang teuerste Transfer aller Zeiten – 222 Millionen Euro für den Wechsel von Neymar jr. zu Paris St. Germain – im Jahr 2017 ist dabei nur die Spitze eines immensen Eisbergs. Der Maßstab für einen realen Gegenwert scheint vollkommen verloren gegangen zu sein. Das war zur aktiven Zeit des erfolgreichsten Nürnberger Fußballers Max Morlock (1925-1994) anders. Für den Weltmeister von 1954 und den Deutschen Meister von 1961 mit seinem 1. FC Nürnberg war es völlig selbstverständlich, dass er sich nach seiner Sportkarriere ein bürgerliches Auskommen suchte. Und so dachte nicht nur der „Fußballer des Jahres" von 1961, sondern die ganze Branche – doch das ist mehr als ein halbes Jahrhundert her.

Morlocks Lotto-Geschäft in der Südstadt gibt es heute noch: Seine Tochter Birgit Bussinger führt den Laden in der Nähe des Hauptbahnhofs mit ihrem Mann weiter. Auf den ersten Blick ist es ein ganz normaler Schreibwaren- und Tabakladen. Doch beim zweiten Blick entdeckt man sportliche Devotionalien an einer Wand: Unter etlichen Fußballbildern sticht das offizielle Foto der deutschen Nationalmannschaft vor dem Endspiel gegen Ungarn 1954 in Bern hervor. Ganz rechts steht der fränkische Stürmer, der im Finale mit seinem Anschlusstreffer zum 1:2 die Wende zugunsten der deutschen Elf eingeleitet hatte.

Welchen Begeisterungssturm die Mannschaft 1954 in Deutschland ausgelöst hat, konnten sich weder Max Morlock noch seine Spielerkollegen vorstellen. Völlig verblüfft registrierten sie, dass ihr Sonderzug, der die Fußballer vom Schweizerischen Bern nach München brachte, an jedem Bahnhof von jubelnden Menschenmassen empfangen wurde. Sogar auf freier Strecke musste die Bahn halten, weil Fußballfans die Gleise blockiert hatten. Max Morlock selbst hat der Gewinn des ersten deutschen Weltmeistertitels nicht

Ein unscheinbarer Lotto-Laden ist Anziehungspunkt für echte Clubberer, die Fans des 1. FC Nürnberg. Woran das wohl liegen mag?

verändert: Er blieb der ruhige, bescheidene und freundliche „Maxl", als den ihn seine Freunde kannten. Geduldig erzählte er, wenn er gefragt wurde, wie er mit allerletztem Einsatz den Ball am ungarischen Torhüter Gyula Grosics (1926-2014) vorbei ins Tor spitzelte. Doch aufgedrängt hat er seine Geschichten nie, man musste ihn schon fragen.

Große Siegprämien schüttete der Deutsche Fußballbund 1954 im Gegensatz zu heute nicht aus. Es gab aber einige Firmen, die den Weltmeistern Geschenke zukommen ließen – so erhielten die Spieler beispielsweise Motorroller. Doch als Morlock beim Ausprobieren auf dem sandigen Untergrund wegrutschte, wollte er damit nicht mehr fahren. „Und seine Familie durfte das Gefährt auch nicht mehr benutzen. Das sei zu gefährlich, meinte der Vater", erzählt Birgit Bussinger. Bitter war für Morlock, dass bei einem Einbruch in seine Wohnung ausgerechnet die Weltmeister-Uhr – ebenfalls ein Geschenk an alle Spieler – nebst Besteck gestohlen wurde. An dieser Erinnerung hing er, doch das Schmuckstück tauchte nie mehr auf.

In dem Südstadt-Laden an der viel befahrenen Pillenreuther Straße trafen sich viele Fans des 1. FC Nürnberg. Denn Max Morlock war der Club-Spieler schlechthin. Seinen Verein verlassen und für mehr Gehalt woanders anheuern? Das kam für den gebürtigen Nürnberger überhaupt nicht infrage. „Er hatte Angebote aus Italien, aber er wollte nicht weg von seiner Heimatstadt und seinem Verein", berichtet die Tochter. Selbst als er die Sportart wechselte, blieb er Nürnberg treu: Statt Fußball spielte er später Tennis. Und auch hier erfolgreich – er brachte es in der Seniorenklasse zum Bayerischen Tennismeister.

Birgit Bussinger, Tochter von Max Morlock, zeigt ein Bild der Gewinnermannschaft des „Wunders von Bern".

Hat er sich geärgert, dass heutige Fußballprofis Geld in großen Summen verdienen und er selbst bis zu seinem Lebensende 1994 mit nur 69 Jahren im Lotto-Laden stand? „Nein, absolut nicht. Mein Vater hat immer gesagt: ‚Das war eine andere Zeit.‘ Er war voll und ganz mit dem zufrieden, was er hatte", sagt Birgit Bussinger. Er wollte keinen Rummel um seine Person, er wollte keine großen Reisen machen – die Nürnberger Südstadt, in der er aufgewachsen war und in der er zeitlebens wohnte, sie reichte ihm vollkommen.

Der Laden in dem Wohn- und Geschäftshaus, das seine Familie in der Nachkriegszeit gebaut hat: Das war sein Leben. Nicht, um möglichst viele Lottoscheine, Zeitschriften oder Zigarettenpackungen zu verkaufen. „Maxl" wollte mit seinen Freunden und Bekannten plaudern und die neuesten Entwicklungen beim „Club" besprechen. Das Geschäft in der Südstadt war ein inoffizieller Fanclub des 1. FC Nürnberg.

Die Anhänger des 1. FC Nürnberg haben ihr sportliches Idol nicht vergessen: Eine Initiative trommelte jahrelang dafür, die städtische Sportarena in „Max-Morlock-Stadion" umzutaufen. Im Grunde eine aussichtslose Angelegenheit, denn die Stadt braucht den Erlös aus den Namensrechten. Das ist der Grund, warum viele Bundesliga-Stadien Firmennamen tragen. Das war bis 2017 auch in Nürnberg der Fall. Bis ein neuer Sponsor aus der Bankbranche mit kräftiger finanzieller Unterstützung der Fans die Namensrechte für drei Jahre erwarb: Bis 2020 spielt der 1. FC Nürnberg jetzt im „Max-Morlock-Stadion". Der „Maxl" hätte sich sicher darüber gefreut und lächelnd angefügt: „Aber das hätte es doch nicht gebraucht."

Hartmut Voigt

....

So geht's zum Lotto-Laden:

Der Lotto-Laden liegt vom Südausgang des Bahnhofs nur 450 Meter entfernt in der Pillenreuther Straße stadtauswärts an der Ecke Wendlerstraße.

22

Rufender

Das Echo der inneren Stimme

Mit großen Augen starrt der Mann, dessen steinerner Körper sich um die Säule windet, den Passanten entgegen. Beide Hände hat er trichterförmig an den Mund gelegt: Er schaut nicht nur, er ruft den Entgegenkommenden scheinbar auch etwas zu. Sehr eindringlich wirkt das Ganze in Ausdruck und Gestik. Dennoch beachten ihn die Vorbeieilenden nicht, nehmen seinen Schrei nicht wahr. Wie denn auch? Ist es doch nur ein steinernes Wesen, und Steinerne haben keine Stimme, selbst wenn der Bildhauer noch so viel Ausdruck in die Gestaltung legt.

Manche jedoch bemerken ihn – und zu denen gehört Stadtführerin Sabine Peters. Sie hat den Steinernen entdeckt, der da so einsam an der Säule des großen Kaufhauses hängt und seinen Körper um den Stein windet. Die Kunsthistorikerin hat sich probeweise vor ihm aufgebaut, ihrerseits ihre Hände an den Mund gelegt, um die Rufhaltung zu betonen, und ihn gefragt: Was willst du uns sagen? Allein, sie erhielt keine Antwort, stattdessen rätselte sie, interpretierte und recherchierte, wie sie das als Kunsthistorikerin schon so oft getan hat.

„Der steinerne Mann ist in den 1950er-Jahren entstanden, in der Zeit des Wirtschaftswunders und des Wiederaufbaus", sagt sie und überlegt: „Vielleicht will er die Menschen, die geschäftig durch die Stadt eilen, fragen, ob sie auch an alles gedacht und alle Besorgungen erledigt haben? Oder er will ihnen zurufen: ,He du, halt inne und schau mich an!'" Jedenfalls, konstatiert die Kunsthistorikerin, habe die 1,60 Meter hohe Sandsteinfigur ganz viel Ausdruck. „Ich finde es wirklich besonders, wie sich der Körper der Figur um die Säule windet. Dadurch hat man immer wieder eine andere Sicht auf die Skulptur, und aus manchen Positionen heraus sieht man nur den Kopf." Geschaffen hat den „Rufer" Karl Knappe (1884-1970),

Sabine Peters ruft dem Rufenden etwas zu.

„ein ganz spannender Künstler", wie Sabine Peters findet. Dass die Figuren so aus dem Hintergrund herauswachsen wie der Rufer aus der Säule, sei typisch für seine Werke. „Hier verwendet er Sandstein, aber auch Ziegelstein oder Glas kommt bei ihm zum Einsatz."

Karl Knappe wurde 1884 in Kempten im Allgäu geboren und besuchte bis 1903 das Gymnasium in Bamberg. In den Jahren 1909 bis 1911 war er vor allem in Berlin und Dresden bildhauerisch tätig, 1926 wurde er in München Professor an der Technischen Hochschule mit dem Lehrauftrag „Plastik". Dort ereilte ihn auch ein Berufsverbot durch das NS-Regime, seine Kunst galt als *entartet*. Als er 1970 in der bayerischen Landeshauptstadt starb, war er hochdekoriert: „Er hat ab 1948 eine Reihe von Preisen erhalten, unter anderem den Bayerischen Verdienstorden, das Bundesverdienstkreuz und die Ehrendoktorwürde", sagt Sabine Peters. „Ein Großteil seiner Werke besteht aus Reliefs an Bauwerken, sein Werk ist abstrahierend und symbolhaft", beschreibt die Expertin die künstlerische Ausrichtung des Schaffens von Karl Knappe. „Es ist mit Sicherheit schon so gedacht, dass jeder vom Rufer das hören kann, was er hineininterpretiert", überlegt sie.

> *„Es ist mit Sicherheit schon so gedacht, dass jeder vom Rufer das hören kann, was er hineininterpretiert."*

Den, der ihn bemerkt, bringt er vielleicht kurz zum Innehalten. Und der, der innehält und sich fragt, was der Rufer ihm sagen will, wird möglicherweise auf sich selbst zurückgeworfen. Die eigene Stimme, die von außen zurückschallt. Das Echo der inneren Stimme.

Eva-Maria Bast

So geht's zum Rufenden:

Er befindet sich in der Königstraße am südöstlichen Eingang des Kaufhofs.

Gäste des „Roten Rosses":
aiser Leopold II. (1790), König Ludwig I. (1828),
König Maximilian II. (1849), Goethe (1790),
Metternich (1839), Blanchard (1787),

Wichtige Persönlichkeiten haben im Hotel am Weinmarkt übernachtet.
Doch wer war der Mann namens Blanchard?

Inschrift

Ein Ballonpionier in allerbester Gesellschaft

Es ist eine illustre Runde, die auf der roten Außenfassade des ehemaligen Hotels „Rotes Ross" verewigt ist: *Kaiser Leopold II. (1790), König Ludwig I. (1828), König Maximilian II. (1849), Goethe (1790), Metternich (1839), Blanchard (1787).* Weltliche Würdenträger und Dichterfürsten stiegen also hier im 18. und 19. Jahrhundert ab, wenn sie die Reichsstadt Nürnberg besuchten. Auch ein Mann namens Blanchard nahm hier offenbar Quartier. Aber wie passt er in die Reihe der Berühmtheiten?

Karola Gärtner kann erklären, warum auch der Franzose Jean-Pierre Blanchard (1753-1809) durchaus zu Recht einen Platz in dieser Aufzählung erhalten hat. „Blanchard war ein Ballonfahrer, der in der Stadt im Jahr 1787 für große Aufregung gesorgt und der Zehntausende von Menschen begeistert hat", erklärt sie. Ursprünglich hatte der Franzose versucht, sich mit eigenen Flugapparaten, die mit Schlagflügeln arbeiteten, in die Lüfte zu erheben. Doch als genau das, wovon er träumte, im Jahr 1783 erst den Brüdern Joseph (1740-1810) und Jacques Montgolfier (1745-1799) mit einem Heißluftballon und dann seinem Landsmann Jacques Alexandre César Charles (1746-1823) mit einem Gasballon gelungen war, gab Blanchard seine ursprünglichen Pläne auf und wandte sich der Ballonfahrt zu. Allerdings verwendete er Wasserstoff, und um zu gewährleisten, dass sein Fluggerät nicht dem Wind ausgeliefert wäre, suchte er nach einer Möglichkeit, es zu steuern. Dabei halfen ihm seine vorherigen Versuche mit schlagenden Flügeln und Windrädern. Am 2. März 1784 stieg er über dem Marsfeld in Paris auf und überquerte dabei die Seine. Vier Monate später konnte er bereits längere Flüge in der Normandie unternehmen. „Von einem Flug ist überliefert, dass beim Landeanflug Menschenmassen zusammenkamen, die teils fasziniert, teils aber auch tief erschrocken waren. Sie fragten sich, ob das Menschen oder Götter sind, die da angeflogen kommen", berichtet Karola Gärtner. Zum Beweis ihrer Menschlichkeit warfen Blanchard und sein Begleiter ihre Mäntel auf die Erde hinab.

In den Folgejahren fing Blanchard an, seine Flugkunst kommerziell zu nutzen, und trat öffentlich als Ballonschausteller auf. Das führte ihn Mitte Oktober 1787 auch in die Noris. Während seines aufsehenerregenden Aufenthalts nächtigte Blanchard im Roten Ross, das damals weit über die Stadtgrenzen hinaus bekannt war. Der damalige Wirt Wilhelm Roth war es gewesen, der die geschäftlichen Vorbereitungen für Blanchards Reise an die Pegnitz getroffen hatte und dem Franzosen Kost und Logis im Hotel spendierte.

Als mit dem 12. November der Termin der Ballonfahrt näher rückte, stand Nürnberg Kopf. „Die Stadt organisierte ein riesiges Volksfest mit Zelten und Verkaufsständen. Außerdem wurde der Christkindlesmarkt extra früher eröffnet", beschreibt Karola Gärnter den Aufwand. Was für die Stadt den Ausnahmezustand einläutete, war für Blanchard Routine. Es handelte sich um seine 28. Ballonfahrt. Trotzdem soll er kurz vorher seine Beichte abgelegt haben falls ihm über den Feldern vor Nürnberg etwas zustoßen sollte.

Für den Start wurde der Judenbühl auserkoren, der sich auf dem Gelände des heutigen Stadtparks befand. Der lag außerhalb der Stadtmauern, und das war gut so, sonst hätten die bis zu 60.000 Zuschauer gar keinen Platz gefunden. Um 11:26 Uhr hielten sie alle den Atem an, als sich der Ballon mit Blanchard im Korb in die Lüfte erhob. „Viele Menschen sind dem Ballon über die abgeernteten Felder nachgerannt", sagt die Nürnbergerin. Doch sie konnten nicht Schritt halten mit dem Fluggerät: Es stieg in 1.600 Meter Höhe auf und entfernte sich in Richtung Nordwesten. Knapp eine dreiviertel Stunde später war der Flug vorbei. In den Feldern des Knoblauchslands bei Braunsbach, rund sieben Kilometer Luftlinie entfernt.

22 Jahre lang betrieb Blanchard seine Shows erfolgreich – sowohl diesseits als auch jenseits des Atlantiks –, bis am 7. März 1809 das passierte, wovor er sich schon in Nürnberg gefürchtet hatte: Er starb an den Verletzungen, die er sich bei einer Ballonfahrt zugezogen hatte. Er war jedoch nicht mit dem Fluggerät abgestürzt, sondern wegen eines Herzinfarkts aus der Gondel gefallen.

In Nürnberg ist von Blanchard mehr geblieben als sein Name an der Fassade des Roten Rössels. „Wir haben eine Redensart, wenn Menschen es besonders eilig haben: ‚No schau ner hie, der rennt wie beim Blenscherd', sagen wir dann", erzählt Karola Gärtner augenzwinkernd. Beeindruckt mögen die Nürnberger von Blanchard und seinen Flugkünsten gewesen sein. Dafür, ihn in korrekter französischer Aussprache zu nennen, hat die Begeisterung dann aber doch nicht gereicht.

Heike Thissen

....
So geht's zur Inschrift:

Die Inschrift, in der Blanchard als Gast des Roten Rössels genannt wird, befindet sich am Haus Weinmarkt 12a.

*Eine Kopie der filigranen Lindenholz-Madonna von Veit Stoß
schmückt ein Haus an der Wunderburggasse.*

24

Hausmadonna

Wo Veit Stoß ein Wunderwerk schuf

Wer mit wachem Blick durch die Gassen der Altstadt schlendert, dem fallen die kunstvollen Figuren auf, die von manchen Hauswänden herunterschauen. In den meisten Fällen handelt es sich um Darstellungen von Maria mit dem Jesuskind auf dem Arm. Ein ganz besonderes Exemplar hängt in sicherer Höhe, damit man es nicht stehlen kann, an einem Hauseck in der Wunderburggasse auf der Sebalder Seite. Diese Madonna ist im Gegensatz zu den anderen nicht aus Stein gemeißelt, sondern filigran aus Holz geschnitzt. Ein kleiner Baldachin schützt sie vor Regen. Der berühmte Künstler Veit Stoß (1447-1533) hat vor 500 Jahren das Original in Lindenholz gefasst. Seine ganze Klasse und sein überragendes Können werden schon beim ersten Blick darauf deutlich.

90

In der Wunderburggasse befindet sich zwar ein äußerst gelungenes Kunstwerk, es ist aber nur eine Kopie. Das Original steht wenige Kilometer entfernt im Germanischen Nationalmuseum bei weiteren Spitzenwerken von Stoß. Dort erklärt Mitarbeiter Markus Prummer, warum das Jesuskind ausgerechnet eine Birne in der Hand hält: „Das ist wirklich erstaunlich, denn normalerweise ist da der Apfel als Zeichen für die Erlösertat Christi. Die Birne kann man auch so interpretieren und sogar noch mehr: als Ausdruck der Liebe zwischen Mutter und Sohn."

Einst hatte die Madonna eine farbenprächtige Fassung: Der blaue Mantel war mit goldenen Zinnsternen übersät. Wer genau hinsieht, kann noch einige davon erkennen, auch wenn ihr Goldglanz längst verblasst ist. Seit dem 19. Jahrhundert stand sie im Freien, zuvor wohl geschützt in der nun nicht mehr existierenden Augustinerkirche.

Die Stadt Nürnberg bewies um 1900 große Cleverness: Sie ließ mittelalterliche Hausheilige und Mariendarstellungen von den Häusern der Altstadt entfernen. Das war kein verspäteter Bildersturm, sondern das Gegenteil: reine Fürsorge. Die Märtyrer und die Gottesmütter hatten unter den qualmenden Schloten der Industrialisierung und unter den Kohleheizungen schwer gelitten. Verrußt, verdreckt und vom Zahn der Zeit angenagt hatten sie tapfer an den Häusern ausgeharrt. „Retten, was zu retten ist" war daher vor 100 Jahren die Devise. Elf ramponierte Originale kamen ins Germanische Nationalmuseum. Doch die Hauswände blieben nicht kahl, sondern bekamen Repliken. Und während die Ersatzfiguren mit den Häusern im Zweiten Weltkrieg

Das Original der Veit-Stoß-Maria steht heute im Germanischen National-museum. Markus Prummer ist von der Fertigkeit des Künstlers fasziniert.

zerstört wurden, überlebten die originalen Schutzheiligen im Depot.

Die steinernen Bildnisse von Maria, St. Georg, dem Stadtheiligen St. Egidius oder auch dem heiligen Nikolaus hatte man im Mittelalter aus Schutzbedürfnis anfertigen lassen. Sie sollten böse Dämonen von den Wohnräumen fernhalten. Die Menschen versprachen sich eine ganz konkrete Hilfe. Interessanterweise sind die Steinfiguren mit dem Übertritt Nürnbergs zur Reformation 1525 nicht aus dem Stadtbild verschwunden. Die Protestanten konnten zwar mit der katholischen Marienfrömmigkeit und dem Heiligenkult wenig anfangen, aber sie ließen die Gottesmutter mit den langen, lockigen Haaren an den Häusern hängen – ist ja auch ein schöner Blickfang.

Der Umgang mit dem Kunstwerk in der Wunderburggasse hat sich deutlich gewandelt: Erich Mulzer, der frühere Vorsitzende des Vereins der Altstadtfreunde, holte die Lindenholz-Madonna Anfang der 1990er-Jahre hemdsärmelig im Germanischen Nationalmuseum ab, um sie für das Haus an der Wunderburggasse nachschnitzen zu lassen. Die Replik war im Krieg verbrannt. Also wickelte Mulzer die Maria nebst Jesuskind in eine Decke, legte sie in seinem Auto ab und fuhr damit zum Holzschnitzer. Das wäre heute absolut undenkbar.

Eine große Überraschung: Dass die Schutzheiligen keineswegs nur im Mittelalter beliebt waren, entdeckt man, wenn man die Wunderburggasse ein paar Schritte aufwärts zum Haus Nummer 18 geht. Dort hängt eine Interpretation der Schutzmantel-Madonna aus dem 20. Jahrhundert. Ihr Mantel hüllt eine ganze Familie ein. Schutz und Geborgenheit kann man eben zu jeder Zeit brauchen.

Hartmut Voigt

So geht's zur Hausmadonna:

Die Kopie der Hausmadonna von Veit Stoß ist in der Wunderburggasse 16 zu sehen.

Dr. Barbara Schuster staunt immer wieder darüber, was die Baumeister
vor mehr als 400 Jahren mit der Fleischbrücke geleistet haben.

25

Fleischbrücke

Ein Zeichen mutiger Ingenieurskunst

Die Fleischbrücke kommt auf den ersten Blick ziemlich
schlicht daher. Die älteste Brücke Nürnbergs, die die
Stadtteile St. Sebald und St. Lorenz miteinander verbindet, verzichtet auf auffällige Zierelemente oder prunk-
vollen Geländerschmuck. „Das Besondere an dieser Brücke ist nicht
ihr Aussehen, sondern ihre aufwendige Konstruktion", sagt Dr. Barbara Schuster.

„Die Brücke überquert die Pegnitz an ihrer engsten Stelle",
fährt die promovierte Physikerin fort. „Das bedeutet, dass hier der
Druck der Wassermassen besonders groß ist und sie besonders
schnell fließen." Das hatte fatale Folgen für alle Vorgängerbauten,
die ab Anfang des 13. Jahrhunderts erst aus Holz, später aus Stein
gebaut worden waren. Die, die nicht von den vielen Hochwassern
der Pegnitz weggerissen wurden, fielen Feuersbrünsten zum Opfer.

Es verwundert also nicht, dass die Nürnberger Ende des 16. Jahrhunderts, als wieder einmal ein Brückenneubau anstand, unbedingt alles richtig machen wollten. Die Gesamtleitung übernahm Ratsbaumeister Wolf Jacob Stromer (1561-1614). Für Entwurf, Planung und Ausführung der Steinarbeiten war Steinmetz und Stadtwerkmeister Jacob Wolff der Ältere (1546-1612) verantwortlich. Zimmermann und Stadtwerkmeister Peter Carl (1541-1617) kümmerte sich um die Konstruktion und die Umsetzung der Pfahlgründung sowie des Gerüsts. Zusammen machten sie das Unmögliche möglich. Zunächst holten sie sich Inspirationen unter anderem im 450 Kilometer Luftlinie entfernten Venedig. „Die Nürnberger erhielten zu diesem Zweck zwar ein hölzernes Modell der Rialtobrücke, aber man sieht sofort, dass sie rein optisch nicht viel gemeinsam haben", erklärt Barbara Schuster. Tatsächlich ist die Fleischbrücke wesentlich flacher, weil auf ihr nicht nur Fußgänger laufen, sondern auch Fuhrwerke fahren sollten.

So kam bei den Planungen eine Spannweite von 27 Metern und eine geringe Pfeilerhöhe von 4,20 Metern zustande, die mit ihren außerordentlichen Schubkräften das Fleischbrücken-Team vor ein mit den damals zur Verfügung stehenden Mitteln kaum zu lösendes Problem stellten. Doch die Nürnberger brauchten genau an dieser Stelle dringend wieder eine Flussquerung, nachdem der Vorgängerbau 1595 von einem Hochwasser zerstört worden war. Immerhin bildete die Fleischbrücke den wichtigsten und bekanntesten Übergang über die Pegnitz. Außerdem war sie Hauptachse des Verkehrs zwischen St. Lorenz und St. Sebald und Dreh- und Angelpunkt von sieben europäischen Fernhandelsstraßen.

„Zu dieser Zeit eine solche Brücke zu bauen, und zwar so, dass sie mehr als 400 Jahre später immer noch an Ort und Stelle steht, ist ein Zeichen größter Ingenieurskunst und grenzt an ein technisches Wunderwerk", macht die Gästeführerin deutlich. Barbara Schuster kennt den Trick, den die Baumeister Wolff & Co. hier anwandten: Sie trieben rechts und links der Pegnitz jeweils 1.000 Eichenpfeiler in den sumpfigen Boden und schufen damit ein tragfähiges Fundament für die Widerlager. „Jetzt müssen wir uns aber vergegenwärtigen, dass wir uns im Jahr 1596 befinden. Das musste alles mit einfachsten Mitteln erledigt werden", betont die Stadtkennerin. Christiane Kaiser, die an der Technischen Universität Cottbus zur Fleischbrücke promoviert hat, hat herausgefunden, wie das gelang. Sie schreibt: „Zur Ausstattung der Baustelle zählen zwei Kräne mit Treträdern sowie vier Rammen für die zunächst nur lotrechten Pfähle." Die schweren Gewichte wurden auf die Eichenstämme fallen gelassen und trieben diese Zentimeter für Zentimeter in den Untergrund. „Das allein muss ja schon ein riesiger Aufwand gewesen sein", sagt Barbara Schuster. „Wenn man dann noch weiß, dass zusätzlich 400 Pfeiler in einem 60-Grad-Winkel eingefügt wurden, dann wundert man sich auch nicht darüber, dass es mehr als zwei Jahre dauerte, bis der Untergrund für den Bau der Brücke vorbereitet war." Bis heute sei nicht geklärt, wie Wolff es geschafft hat, die Baumstämme schräg im Boden zu verankern. Nutzte er eine Rutsche, auf der ein Gewicht hinabsauste? Oder ein Pendel, das das Gewicht so schwang, dass es die Pfeiler traf?

„Erst im Anschluss ließ Wolff ein schwimmendes Brückengerüst aus Holz bauen, auf dem die Sandsteinquader angeordnet wurden", erzählt Schuster den Bau-Krimi weiter. Die Arbeiten fanden unter großem Zeitdruck statt, schließlich hätte jederzeit das nächste Hochwasser auftreten können. Innerhalb von neun Wochen war die Brücke fertig gebaut. Und dann kam der entscheidende Moment, als das tragende Holzgerüst darunter entfernt wurde. Würde sie halten? „Für ein paar Sekunden sah es so aus, als könnte sie in sich zusammenfallen, denn sie sackte 15 Zentimeter nach unten. Doch dann hielt sie, und das tut sie noch heute."

Heike Thissen

....

So geht's zur Fleischbrücke:

Die Fleischbrücke verbindet die Kaiserstraße mit dem Hauptmarkt.

Daniel Gürtler erklärt die merkwürdigen Zeichen im Mauerwerk.

26

Steinmetzzeichen

Am Zahltag wurde abgerechnet

Die Arbeit ist anstrengend: Ein Schlag nach dem anderen ist mit Hammer und Meißel nötig, um den Steinbrocken in Form zu bringen. Ein Quader soll daraus werden, ein Mauerstein für die riesige Baustelle, an der Tausende Steine dieser Art verbaut werden. Und wenn der Stein dann nach langer, mühevoller Arbeit endlich fertig ist, legt der Steinmetz ihn zu den anderen, die er schon behauen hat – und meißelt ein Zeichen ein. Das sieht aus wie eine Rune und ist gewissermaßen für die Ewigkeit: Diese Zeichen kann man heute, Jahrhunderte später, tausendfach in Städten mit mittelalterlicher Bausubstanz entdecken, wenn man die alten Mauerwerke aufmerksam mustert.

Auch am Nürnberger Neutor lassen sie sich finden. Besonders schön und auffallend sind sie hier, nicht wie an so vielen anderen Stellen unscheinbar und verwaschen – sie wurden offenbar nachbearbeitet. „Dass sie hier so prominent gezeigt werden, ist ein Privileg, das den Steinmetzen zugesprochen wurde", sagt Historiker Daniel Gürtler, der für den Verein „Geschichte Für Alle –

> *„Dass sie hier so prominent gezeigt werden, ist ein Privileg, das den Steinmetzen zugesprochen wurde. "*

Institut für Regionalgeschichte" forscht und sich viel mit Nürnbergs Toren und mit der alten Stadtmauer befasst hat. Denn eigentlich, erläutert er, seien die Zeichen nicht dafür gedacht gewesen, dass die Steinmetze der Öffentlichkeit kundtun konnten, dass sie ebendiesen Stein behauen haben – nein, sie dienten schlicht und einfach der Abrechnung: Dank der eingemeißelten Zeichen konnte der Meister am Zahltag genau erkennen, welcher Stapel zu welchem Steinmetz gehörte, wie viele Steine er gehauen hatte, und ihn nach Stück bezahlen.

Jeder Lehrling einer Bauhütte bekam nach seiner fünfjährigen Ausbildung ein solches Steinmetzzeichen, das er wohl selbst entwerfen durfte und das anschließend nicht mehr geändert werden konnte. Manche Quellen sagen, dass sich die Steinmetzzeichen einer Bauhütte allesamt ähnelten und voneinander abgeleitet wurden. Dadurch habe man erkennen können, wo ein Steinmetz – die Angehörigen dieses Berufsstandes gingen auf Wanderschaft – gelernt hatte.

Bei schweren Verstößen gegen die Bruderschaft habe das Steinmetzzeichen aufgehoben werden können, schreibt Alfred Schottner in einer Abhandlung über die mittelalterlichen Dombauhütten. Darin erklärt er auch: „Das Zeitalter der etwa von 1250-1500 andauernden ‚himmelsstürmenden Gotik' war zugleich die hohe Zeit der Steinmetzzeichen. An den aus jener Epoche noch vorhandenen Bauwerken sind sie zu Hunderten abzulesen, wobei die Stabform mit Abzweigen bzw. Ästen vorherrscht."

Übrigens: Wurde ein Steinmetz zum Meister, durfte er sein Zeichen in ein Wappen setzen – und wenn die Nachfahren ebenfalls

Baumeister waren, übernahmen sie das Wappen meistens. Durch derartige Kennzeichnungen war es möglich, das Wirken einer Baumeisterfamilie über viele Jahrhunderte hinweg zu verfolgen, zumal diese sich oft stolz selbst ein Denkmal setzte, indem sie das Wappen deutlich sichtbar, zum Beispiel auf Schlusssteinen, anbrachte. Deshalb sind solche Wappen – und auch ganz einfache Steinmetzzeichen – für die Erforschung von Bauwerken von großer Bedeutung.

„Wir können diese Steinmetzzeichen keinem Steinmetz mehr zuordnen, aber je nachdem, wie oft sich ein bestimmtes Zeichen in der Stadt wiederfindet, können wir feststellen, ob der Steinmetz sehr aktiv war oder nicht, an welchen Bauwerken er beteiligt war und damit auch, in welcher Zeit er gearbeitet hat", erklärt der Historiker. „Und man kann auch herauslesen, wie viele Männer an einem Bau mitgewirkt haben." Wobei das nicht nur die Steinmetze waren. „Sie hatten ihrerseits unheimlich viele Handlanger", wie Daniel Gürtler sagt: „Wir wissen zum Beispiel, dass am Bau der Bastionen unterhalb der Burg rund 2.000 Leute beteiligt waren. Viele von ihnen waren Tagelöhner, die zum Beispiel für den Erdaushub verantwortlich zeichneten. Steinmetze gab es nicht so viele, zwischen 100 und 150." Und die waren natürlich in der ganzen Stadt eingesetzt und nicht nur an dem 1377 erstmals erwähnten Neutor.

Steinmetzzeichen wie dieses dienten früher der Abrechnung.

„Das Neutor wurde übrigens gebaut, um das Tiergärtnertor zu entlasten, das weiter oben liegt. Der Burgberg war für schwere Fuhrwerke zu steil", erklärt Daniel Gürtler. „Es diente als Schleuse in die Stadt; Reisende und Fuhrwerke, die hineinwollten, wurden hier kontrolliert und dann entweder eingelassen oder abgewiesen." Und der Neutorzwinger, den man dann passieren musste, war durchaus einschüchternd. „Das kann man heute noch hautnah nachfühlen, wenn man im Zwinger steht", findet der Historiker und überlegt: „Nürnberg muss auf potenzielle Angreifer ziemlich uneinnehmbar gewirkt haben."

Womit die Bastion, an der die Steinmetze so eifrig gearbeitet hatten, ihren Zweck erfüllte. Zumal dem Neutorzwinger auch noch ein mächtiger, runder Turm zur Seite steht. „Seine Wände sind bis zu fünf Meter dick", verdeutlicht der Historiker die Wuchtigkeit des Bauwerks. In seinem Ursprung war der Turm allerdings eckig: „Die runde Ummantelung erhielt er in der Folge des Zweiten Markgrafenkrieges zwischen 1552 und 1554, in dem Markgraf Albrecht Alcibiades von Brandenburg-Kulmbach die Stadt von Osten unter Beschuss genommen hatte", schildert Daniel Gürtler die damaligen Ereignisse und begründet den Umbau: „An einem runden Turm gleitet eine Kugel einfach wesentlich leichter ab als an einem eckigen."

Das Neutor war im Laufe der Jahrhunderte immer wieder dem Wandel unterworfen: „1886 wurde es erweitert und den neuen Verkehrsbedingungen der schnell wachsenden Industriestadt angepasst", fährt der Historiker fort. „Es erhielt zwei neue Fußgängerdurchgänge, das Tor selbst wurde vergrößert." All diesen Wechsel, all diesen Wandel, all diese Veränderungen haben die Steinmetzzeichen überdauert. Und sie erinnern an ihrem Platz über dem inneren Tor an jene, die die Bastion im Schweiße ihres Angesichts errichtet haben.

Eva-Maria Bast

So geht's zu den Steinmetzzeichen:

Die Steinmetzzeichen befinden sich unübersehbar am Neutor. Auch an anderen Stellen in der Stadt kann man sie entdecken.

Ein wichtiges Element im Irrhain des Pegnesischen Blumenordens ist der Schein-friedhof. Prof. Dr. Werner Kügel weiß: Hier liegen keine Toten begraben!

27

Irrhain

Rückzugsort für die Naturpoeten

W er den Irrhain des Pegnesischen Blumenordens, der ältesten ununterbrochen bestehenden deutschen Literaturgesellschaft, finden will, braucht entweder eine gute Wanderkarte oder ein Mobilfunkgerät mit Navigationsanwendung. Es gibt keine Hinweisschilder, die Zugangswege sind landwirtschaftliche Privatstraßen, und der nächstgelegene Parkplatz liegt nicht am Eingangstor, sondern am Kraftshofer Friedhof. Prof. Dr. Werner Kügel, der „Präses" der Gesellschaft, würde – im Gegensatz zu anderen Besuchern – trotzdem das Areal auch mit verbundenen Augen finden, so oft war er in den vielen Jahren seiner Mitgliedschaft im Blumenorden schon hier. „Dass der Irrhain etwas abgeschieden liegt, trägt nur noch mehr zu seiner traumhaften Atmosphäre bei", findet er. Besucher, die das barock anmutende steinerne Eingangstor gefunden haben, betreten eine idyllische Welt aus viel Grün, in der außer Vogelgezwitscher nichts zu hören ist.

Der 1644 gegründete Orden kümmert sich seit mehr als 370 Jahren um die Pflege der deutschen Sprache und Dichtkunst, wie es in der ersten Satzung heißt. Erklartes Ziel der dichtenden „Pegnitzschäfer" um den Nürnberger Barockdichter Georg Philipp Harsdörffer (1607-1658) war es, Poesie auch weniger gebildeten Mitbürgern – besonders auch Frauen – zugänglich zu machen, indem sie nicht Latein, sondern Deutsch als Sprache für ihre Werke benutzten. Damit leisteten sie auch einen wichtigen Beitrag zur Sprachentwicklung, was mit der früher gepflegten lateinischen Dichtkunst nicht möglich gewesen wäre. Dass sich der Pegnesische Blumenorden ausgerechnet ein Areal außerhalb von Kraftshof als Treffpunkt aussuchte, liegt in seiner Geschichte begründet.

„Das lag daran, dass sie an ihrem vorherigen Treffpunkt am Poetenwäldchen in den Pegnitzauen nicht mehr erwünscht waren", erklärt Werner Kügel. Doch als Naturdichter brauchten sie für ihre Dichtung die Möglichkeit unmittelbarer Beobachtung im Freien. „Also machte der damalige Pfarrer von Kraftshof, Martin Limburger, 1676 den Vorschlag, in einem verwilderten Eichenhain auf dem Gebiet seiner Gemeinde einen neuen Versammlungsort anzulegen", sagt der heutige erste Vorsitzende über die Anfänge des Irrhains. Die Arbeiten dauerten zwei Jahre, dann war ein unregelmäßiges Netz aus Wegen angelegt, ein mehrfacher Zickzackweg namens „Schlangengang" und ein Denkmalplatz, der sogenannte „Kirchhof", außerdem mehrere Lauben und eine Gesellschaftshütte. Kurz darauf erhielt der Blumenorden das Gelände zum ewigen Lehen. Eigentümer blieb allerdings das Waldalmosamt St. Sebald, dessen Rechtsnachfolger die Nürnberger Forstbetriebe sind.

Für die Naturpoeten war der Irrhain ein Abbild der Wirrnis dieser Welt, in der sich die Menschen moralisch nicht verlaufen sollten. Deshalb war am inneren Durchgangstor auch die Mahnung „Irret nicht!" zu lesen. „In einer Unterredung, die angeblich im Irrhain stattgefunden hat, heißt es dazu passend: *Hat dieser Wald schlüpfrige Wege, die Welt noch viel mehr*", zitiert Werner Kügel aus der ersten Beschreibung des Irrhains von 1683. Sie findet sich in einem Nachruf auf Sigmund von Birken, dessen Frömmigkeit dem Blumenorden die Passionsblume statt der Panflöte als Emblem verordnete. Die Pflege des Labyrinths mussten die Poeten später jedoch aufgeben, denn die Hecken, welche die Gänge flankierten, verkümmerten wegen des Schattens der immer größer werdenden Bäume. Das änderte aber nichts daran, dass es sich auf dem Gelände vorzüglich spazieren und sinnieren ließ, ohne Gefahr, sich zu verlaufen.

Das gilt bis heute, auch wenn die wenigsten Pegnesen ihre Zeit hier mit Lustwandeln verbringen. Das einen Hektar umfassende Gelände vor den Toren Nürnbergs besteht inzwischen aus nicht bewirtschaftetem Urwald, Kieswegen und einer Naturbühne. Der Scheinfriedhof hat die Jahrhunderte überdauert. Wenn Werner Kügel die Wege abgeht, hat er die Heckenschere dabei, um den Irrhain begehbar zu halten. „Je besser die Wege, desto weniger trampeln die Besucher durch das wertvolle Biotop." Und er wird nicht müde, die Vorbeikommenden für das zeitenthobene Stück Heimat zu begeistern und vom Blumenorden zu erzählen. „Viele Spaziergänger, die das erste Mal hier sind, denken, wir hätten unsere toten Mitglieder auf dem Gelände begraben. Dabei handelt es sich aber um Gedenksteine für besonders bedeutende Mitglieder, nicht um Grabsteine", erklärt er.

Vieles hat sich verändert, seit Pfarrer Martin Limburger hier mit den ersten Arbeiten für den Irrhain begann. Doch eines ist er geblieben: ein idyllischer Ort, der zum Spazierengehen, Innehalten und zum Dichten einlädt.

Heike Thissen

So geht's zum Irrhain:

Das Eingangstor zum Irrhain befindet sich in der Lachfelderstraße. Wenn man der Straße von Kraftshof kommend folgt, ist es auf der linken Seite zu sehen.

Ingenieur Armin Müller hat ein Seil durch den Befestigungsring gezogen. Daneben ist die Hochwassermarke der Jahrhundertflut von 1909 zu sehen.

Befestigungsringe

Nicht zum Anbinden von Giraffen gedacht

Früher gab es vor Lebensmittelläden Metallringe, an denen Hundebesitzer ihre Vierbeiner anleinen konnten, bevor sie das Geschäft betraten. Doch ergeben diese Halterungen in der Senioren-Wohnanlage Heilig-Geist-Spital Sinn – in etwa 3,50 Metern Höhe? Da müsste man schon eine Giraffe als Haustier haben, um sie festzubinden. Doch die Eisenringe haben weder mit krummbeinigen Dackeln noch mit langhalsigen afrikanischen Paarhufern zu tun.

In vergangenen Jahrhunderten gab es viele dieser Ringe an den Hauswänden entlang der Pegnitz. Übrig geblieben sind allerdings nur ganz wenige, weil im Zweiten Weltkrieg mit den mittelalterlichen Häusern auch die eisernen Verankerungen zerstört wurden. Die Ringe im Heilig-Geist-Spital haben mit einem Ereignis zu tun, das Nürnberg im Jahr 1909 erschüttert hat. „Das extreme Hochwasser damals war ein richtiger Schock für die Bewohner", berichtet Armin Müller. Der Bauingenieur ist bei der Stadtverwaltung für den Bereich Service öffentlicher Raum/Wasserwirtschaft zuständig.

Die *Nürnberger Chronik* merkt zum 5./6. Februar 1909 an: „Mit unheimlicher Schnelligkeit war das Wasser in den Nachtstun-den

An der Sandsteinmauer des Wohnhauses ist ein massiver Eisenring angebracht, durch den man ein Seil ziehen kann.

gestiegen und sperrte jeglichen Verkehr durch die inneren Stadtteile ab. Sämtliche Brücken waren unpassierbar geworden. Gleich einem wilden Strom schoß das Wasser durch die Straßen." Die zwischen Hauswänden und Mauern eingeklemmte Pegnitz war von Stunde zu Stunde weiter angeschwollen, 420 Kubikmeter pro Sekunde pressten sich durch die Altstadt. Beim Hauptmarkt hieß es „2,50 Meter Land unter". Am Anwesen Hauptmarkt 3 sind etliche Hochwässer vergangener Jahrhunderte als Wasserstandsmarken verzeichnet. Ganz oben steht: die Flut von 1909.

Bauingenieur Müller und seine Kollegen sind heute für den Hochwasserschutz verantwortlich. Doch er kennt sich auch in der Geschichte der Überschwemmungen aus – und weiß um die Bedeutung der Ringe. Mit einem Seil klettert er zwei, drei Stufen einer kleinen Leiter hoch und zieht den dicken Strick durch den ominösen Metallring. „Bei Hochwasser konnte man sich von den Rettungskähnen aus mit den Leinen, die an den Ösen befestigt waren, direkt an die Häuser heranziehen und die Leute retten, ohne von der starken Strömung abgetrieben zu werden", erzählt der Nürnberger.

Nach 1909 habe es jährliche Hochwasserübungen gegeben, so tief hatte sich der Schrecken ins Bewusstsein der Beteiligten eingegraben. „Es gibt sogar noch zwei, drei originale Rettungskähne", erzählt Bauingenieur Müller, „und sie schwimmen. Ich habe es ausprobiert." Doch natürlich sind sie nicht mehr im Einsatz.

Das Hochwasserproblem hat Nürnberg beim Wiederaufbau nach dem Zweiten Weltkrieg gelöst. So hat man eine extreme Engstelle entschärft, die vom Heilig-Geist-Spital aus zu erkennen ist. Vom Ende der kleinen Insel aus ist die bekannte Museumsbrücke gut zu sehen. Das Bauwerk hatte früher nur zwei Bögen, seit dem Wiederaufbau sind es drei. Der Grund: Der linke, düstere Bogen ist jetzt ein 140 Meter langer, 10 Meter breiter und vier Meter hoher Wasserstollen. Bis 1945 stand dort noch ein unterkellertes Gebäude. Das jetzige Geschäftshaus ist dagegen direkt über das Wasser gebaut, damit sich die Pegnitz im Falle von Hochwasser besser verteilt – ohne überzulaufen.

„Das extreme Hochwasser damals war ein richtiger Schock für die Bewohner."

Das ist nur eine von vielen Maßnahmen, die Armin Müller sicher sein lässt: „Das Hochwasserproblem der Altstadt ist gelöst. Vielleicht kommt irgendwann noch eine größere Wasserflut als 1909. Aber es ist so unwahrscheinlich, dass wir es wohl nicht mehr erleben werden."

Hartmut Voigt

So geht's zu den Befestigungsringen:

Sie sind in der Senioren-Wohnanlage Heilig-Geist-Spital (Vordere Insel Schütt 2A) zu entdecken. Hierfür muss man durchs Tor bis zum kleinen Treppchen gehen.

29

Glastür

Zugang zum Schutz vor dem Atomkrieg

Wie viele Menschen wohl tagtäglich an dieser Glastür vorbeilaufen, ohne sie eines Blickes zu würdigen? Es dürften Hunderte, wenn nicht Tausende sein. Kein Wunder, schließlich haben die Menschen, die in der Königstorpassage unter dem Hauptbahnhof unterwegs sind, anderes im Kopf, als auf einen unscheinbaren Durchgang zu achten. Sie sind auf dem Weg zu ihren Zügen, sind gerade angekommen oder wollen in den Geschäften ihre Besorgungen erledigen. Was ist da schon eine Tür aus Milchglas?

Ralf Arnold weiß es besser. Er ist der Vorsitzende des Fördervereins Nürnberger Felsengänge und war schon viele Male hinter dieser Tür. „Das ist der Eingang zum größten Atomschutzbunker der Stadt", erklärt er, während er den Schlüssel im Schloss umdreht,

„2.448 Leute hätten im Ernstfall hier drin Platz gefunden." Mit „Ernstfall" meint er einen Dritten Weltkrieg, in dem Atomwaffen zum Einsatz gekommen wären. „In den Jahren des Kalten Krieges war das gar nicht so abwegig, dass das passieren könnte", sagt Arnold. Deshalb sei während des Baus der Nürnberger U-Bahn in den Jahren 1973 bis 1977 ein bereits bestehender Luftschutzbunker aus dem Zweiten Weltkrieg durch den moderneren ersetzt worden.

Seit der britische Premierminister Winston Churchill (1874-1965) am 5. März 1946 das erste Mal den Begriff des „Eisernen Vorhangs" verwendet hatte, war klar, dass zwischen den Supermächten USA und Sowjetunion ein – kalter – Krieg tobte. Die Gründung von NATO (North Atlantic Treaty Organisation, 1949) und Warschauer Pakt (1955) sowie der Bau der Berliner Mauer 1961 sind drei der Meilensteine dieser Entwicklung. Seinen Höhepunkt erreichte der Kalte Krieg aber mit der Kuba-Krise im Oktober 1962: Weil amerikanische Aufklärungsflugzeuge auf Kuba Abschussrampen für sowjetische Raketen entdeckt hatten, von denen aus die USA mühelos hätten angegriffen werden können, stand der Dritte Weltkrieg unmittelbar bevor. Dass der Atomkrieg ausblieb, war der Besonnenheit der Supermächte zu verdanken, von der trotz des Wettrüstens noch ein Rest vorhanden war. Bis weit in die 1980er-Jahre hinein blieb die Situation angespannt.

In der Auseinandersetzung wurde zwar nie offiziell der Krieg erklärt, die bis aufs Äußerste bedrohliche Lage war jedoch allerorten zu spüren – auch in Nürnberg. Erst als am 9. November 1989 die Mauer in Berlin fiel und dann das deutsche Volk am 3. Oktober 1990 die Wiedervereinigung durch den Beitritt der Länder der ehemaligen DDR zur Bundesrepublik Deutschland feierte, entspannte sich die Lage. 1990 wurde der Kalte Krieg formell beigelegt, 1991 löste sich zum 31. März das Militärbündnis der Ostblockstaaten, der Warschauer Pakt, auf, sowie gegen Ende des Jahres die Sowjetunion. „Der Bunker unter dem Hauptbahnhof kam also Gott sei Dank nie zum Einsatz", sagt Ralf Arnold und erklärt, wie das Leben unter dem Hauptbahnhof ausgesehen hätte.

„Der Bunker war ausgestattet für 14 Tage. Denn so lange hätte der Treibstoff für das Dieselnotstromaggregat gereicht, das für

Licht, frisches Wasser und saubere Luft gesorgt hätte. Danach wäre Schluss gewesen", sagt der Nürnberger und konkretisiert seine Angaben: Ein halber Quadratmeter Platz hätte für jeden im Bunker zur Verfügung gestanden. Für jeden stand als Ausrüstung eine Schüssel, ein Löffel, eine Tasse, ein Handtuch und eine Decke bereit. 50 Personen hätten sich eine Toilette und eines der winzig kleinen Plastikwaschbecken teilen müssen. „Der Tagesablauf hätte aus 8 Stunden Liegen und 16 Stunden Sitzen bestanden, nur unterbrochen von drei Suppenmahlzeiten", beschreibt Arnold die Monotonie. Und er schildert die Stimmung: „Das muss man sich mal vorstellen: Oben tobt der Dritte Weltkrieg und hier unten sitzen die Leute zusammengepfercht mit der Ungewissheit, was aus ihren Freunden und Bekannten geworden ist, die es nicht in den Bunker geschafft haben. Sie hätten allerdings gewusst, dass die alte Welt, wie sie sie kannten, für alle Zeit verloren gewesen wäre." Und gleichzeitig keine Gewissheit gehabt, ob es für sie selbst nach den 14 Tagen überhaupt eine Chance geben würde, weiterzuleben. „Die Strahlung eines Atomangriffs wäre zu dem Zeitpunkt noch gar nicht zerfallen gewesen", verdeutlicht der Experte die Aussichten für die Nürnberger in der Unterwelt. „Unter dieser psychischen Belastung hätten die Menschen hier vor sich hin vegetiert. Ganz ehrlich: Darauf würde ich lieber verzichten." Einem direkten Einschlag in der Stadt hätte der Bunker unterm Hauptbahnhof ohnehin nicht standgehalten. Anscheinend ging man davon aus, dass die Angreifer die Industrie in der Noris würden erhalten wollen und sie deshalb nicht unmittelbar attackieren würden.

3,3 Prozent der damaligen Bevölkerung Nürnbergs wären in den Atomschutzbunkern der Stadt untergekommen. Ein Auswahlverfahren, wer den Bunker betreten darf und wer nicht, hätte nicht stattgefunden, da ist sich Arnold sicher. Vielmehr wäre wohl das Prinzip „wer zuerst kommt, mahlt zuerst" zum Einsatz gekommen. „In der Zeitung wäre in den Tagen vor dem Angriff – sofern sich das hätte absehen lassen – veröffentlicht worden, wo sich die Bunker in der Stadt befinden. Und dann hätte der aufmerksame Zeitungsleser in dem Moment, in dem die Sirenen anspringen, gewusst, wo er hinrennen kann." Sobald die Türen geschlossen gewesen wären, wäre die Zeit für die Menschen jenseits der Glastür rückwärts gelaufen. „Der Bunkerwart hätte als Erstes gefragt, ob ein Arzt unter den Anwesenden ist. Denn es war nicht vorgesehen, einen Mediziner in jedem Bunker zu stationieren. Man ging vielmehr davon aus, dass unter den 2.448 Leuten schon einer dabei sein würde."

Ralf Arnold ist sich dessen bewusst, was diese Situation für die Menschen hinter der Glastür an psychischer Belastung bedeutet hätte. Mit nichts weiter zu tun, als ab und zu den Küchendienst zu übernehmen und auf die Toilette zu gehen, wären etliche Insassen an die Grenzen ihrer Belastbarkeit geraten – vor allem wegen des Wissens, was sich draußen abspielt. „Auf so etwas war der Bunker aber überhaupt nicht vorbereitet, dass hier jemand die Nerven verlieren oder wegen der Anspannung aggressiv werden könnte", sagt der Vorsitzende des Fördervereins Felsengänge. „Ich bin der Meinung, dass es sich bei solchen Bunkeranlagen vor allem um eine psychologische Maßnahme handelte. Denn einen wirklich wirksamen Schutz konnten sie nicht bieten", fasst er zusammen. Erst recht, da der Bunker nicht sofort einsatzbereit gewesen wäre. Ein paar Stunden zur Vorbereitung wären durchaus nötig gewesen. „Wenn das passiert wäre, was Nena in ihrem Lied *99 Luftballons* besingt, nämlich der Atomkrieg aus Versehen, dann wäre die Anlage zu nichts zu gebrauchen gewesen."

Bis ins Jahr 2005 wurden die Räume unter dem Hauptbahnhof noch regelmäßig gewartet und überprüft. Inzwischen sind es nur noch Ralf Arnold und andere Vereinsmitglieder, die bei ihren Führungen den Nürnbergern einen Blick hinter die Glastür gewähren.

Heike Thissen

....

So geht's zur Glastür:

Sie befindet sich in der Königstorpassage auf Höhe der Bahnhofsmission links der Rolltreppe.

Die „runde Ecke" der Messehalle 3A von Zaha Hadid: Bei abendlicher Beleuchtung wirkt das gläserne Gebäude noch beeindruckender.

30 Halle 3A

Futuristisches Juwel auf der Messe

Messehallen sind oft keine Beispiele für architektonische Glanzpunkte: Betonfußboden, hohe, kahle Wände, Hauptsache: funktional und praktisch. Doch es geht auch anders: Die irakisch-britische Stararchitektin Zaha Hadid (1950-2016) hat 2014 mit der Halle 3A an der Südostecke des Nürnberger Messegeländes ein futuristisches Juwel geschaffen. Und das ist noch längst nicht alles.

„Ja", bestätigt Roland Fleck, einer der beiden Nürnberger Messe-Chefs, schmunzelnd, „es gibt einen ganz speziellen Messe-Tourismus. Es sind Kollegen anderer Messe-Unternehmen, die sich die sensationelle Halle mit den sanften Kurven und geschwungenen Formen im Stadtteil Langwasser anschauen wollen." Dazu müssen sie aber ein bisschen auf die Suche gehen, denn wer mit der U-Bahn ankommt, sieht das funkelnde Meisterstück nicht. Ein paar Minuten zu Fuß oder mit dem Pendelbus der Messe zur Südseite des Areals, dann taucht Hadids Halle mit rund 9.600 Quadratmetern Fläche auf. Und löst bei vielen Betrachtern vor allem eine Reaktion aus: Wow!

Sie staunen über die „runde Ecke" der Glasfront, sind begeistert von der optischen Leichtigkeit der 100 Tonnen schweren Stahlträger an der Außenwand, die mit ihrer baumartig aufgefächerten Form für Schatten im Gebäude sorgen. Schließlich sollen die Aussteller im Innenraum während des Sommers nicht von der Sonne geblendet werden. Die Energieeffizienz, die nach Angaben des Bauherrn in Deutschland von keiner anderen Halle übertroffen wird, war preiswürdig: „Die Deutsche Gesellschaft für Nachhaltiges Bauen hat die Konstruktion mit einer Auszeichnung in Platin zertifiziert", merkt Manager Fleck an und ist ein bisschen stolz darauf.

Eine Sorge hatte den früheren Nürnberger Wirtschaftsreferenten allerdings umgetrieben: „Wir waren alle von Hadids Architektur fasziniert. Allerdings war uns auch bekannt, dass ihr Büro in der Kostendisziplin nicht ganz so stark ist." Man wollte daher auf „Nummer Sicher" gehen, dass die veranschlagten 37 Millionen Euro nicht überzogen werden. „Wir haben ein regionales Büro an ihre Seite gestellt, als kleinen Wachhund sozusagen", berichtet Fleck augenzwinkernd. Mit Erfolg: Nach Begleichung aller Rechnungen steht nun das Endergebnis mit 37,2 Millionen Euro fest.

„Es sind Kollegen anderer Messe-Unternehmen, die sich die sensationelle Halle mit den sanften Kurven und geschwungenen Formen im Stadtteil Langwasser anschauen wollen."

Zaha Hadids Halle wird kein funkelnder Solitär im über vier Jahrzehnte alten Messezentrum bleiben. Geplant ist, dem Messegelände an seiner gesamten südöstlichen Seite ein optisch einheitliches Gesicht zu geben: Bis Ende 2018 stellt das britische Architekturbüro der 2016 verstorbenen Hadid eine zweite imposante Halle fertig, die 3C. Diese wird nicht mehr so günstig: 70 Millionen Euro sind veranschlagt, weil zugleich umfangreiche Infrastrukturarbeiten und Trassenverlagerungen für künftige Baumaßnahmen anfallen.

Messe-Chef Roland Fleck kurz nach Fertigstellung der Halle. Er ist von Hadids Architektursprache begeistert.

Dann fehlt nur noch das Verbindungsstück zwischen den beiden Hadid-Gebäuden: Dort steht momentan noch Halle 3. Mittelfristig soll an ihrer Stelle ein dritter Bauabschnitt entstehen, der an der südlichen Seite des insgesamt rund 430.000 Quadratmeter großen Messeareals den Schlussstein setzt.

Es ist ein klares optisches Signal: Hier baut Nürnberg an seiner Zukunft – und zwar weltweit: Denn die Nürnberg-Messe ist mit Tochtergesellschaften auch in Brasilien, China, Indien, Italien und den USA aktiv. Da kann es nicht schaden, wenn man ein wenig auftrumpft – ohne anzugeben. Schließlich hat die begnadete, phantasievolle Architektin Zaha Hadid mit ihrem Team weltweit Opernhäuser, Museen, Wassersportanlagen, Fußballstadien, Hochhäuser und Brücken gebaut, aber nur an einem Ort Messehallen: in Nürnberg.

Hartmut Voigt

So geht's zur Halle 3A:

Die Halle 3A steht auf dem Nürnberger Messegelände an der Großen Straße.

Besonders im Winter, wenn der Brunnen nicht sprudelt, kann man es gut erkennen. Inmitten der Brunnenfiguren befindet sich ein riesiges Gitter.

Ehekarussell

Große Liebe, rasender Hass und eine U-Bahn

So manche Ehe gerät durch die Stürme des Lebens ganz schön ins Wanken. Die Brunnenfiguren am Weißen Turm stehen hingegen, obwohl sie die Ehe in jeglicher Phase darstellen, steinern und starr an ihrem Platz – und das, obgleich sie nicht nur den Stürmen des Lebens, sondern auch den Luftströmen, die aus der U-Bahn-Station aufsteigen, ausgesetzt sind. „Der Anlass für die Entstehung des Brunnens war nämlich kein historischer oder gesellschaftlicher", sagt Kunsthistorikerin Sabine Peters, „sondern ein ganz praktischer: Der Entlüftungsschacht für die neu gebaute U-Bahn mit einem Durchmesser von sechs Metern, der sich heute im Zentrum der Brunnenarchitektur befindet, sollte vor den Blicken der Passanten versteckt werden. Deshalb wurde der Künstler Jürgen Weber beauftragt, eine bildhauerische Lösung zu finden."

Wie gut Jürgen Weber (1928-2007) die Erfüllung seines Auftrags gelungen ist, kann jeder erkennen, der den Brunnen näher betrachtet. „Verbildlicht ist hier *Das bittersüße ehlich Leben* von Hans Sachs", erläutert Sabine Peters, die Mitglied im Verein „Die Stadtführer e.V." ist. „In dem Gedicht, das der berühmte Nürnberger Schuhmacher und Poet extra für seine Ehefrau verfasst hat, beschreibt er die positiven und negativen Seiten der Ehe."

Der Brunnen vor dem Weißen Turm ist in Rosetten um den Abluftkanal herum angelegt. „Wie in einem Karussell sind sechs figurenreiche Wägen kreisförmig angebracht und vor ihnen befindet sich jeweils ein halbkreisförmiges Wasserbecken, sodass eine Blütenform entsteht", beschreibt die Gästeführerin die aktionsreiche Szenerie. Gekrönt wird die Brunnenanlage aus bemalter Bronze und farbigem Marmor auf der Kopfseite von dem auf einer maiskolbenähnlichen Säule tanzenden Hans Sachs. Auf der gegenüberliegenden Seite, direkt beim Zugang zu der U-Bahn-Station „Weißer Turm", liegt ein Herz, in das das Gedicht des Meistersängers eingraviert ist. Die verschiedenen Stadien der Ehe sind in den einzelnen Karussellwägen dargestellt: „Das Auf und Ab des Ehelebens wird symbolisiert durch die Auf- und Abbewegung der Karussellfahrt – das Karussell als Spiegel der Wünsche und Ängste", erklärt die Kunsthistorikerin die gewählte Darstellungsweise. Deswegen, sagt Sabine Peters, gebe es drei positive und drei negative Wägen. Ein Liebespaar im Schwanenbett ist ebenso zu sehen wie zwei mit Ketten des Hasses verbundene Eheleute. Denn wie sagte doch Hans Sachs so schön über seine Ehefrau: „Sie ist mein Tugend und mein Laster, sie ist mein Wund und auch mein Pflaster."

Eva-Maria Bast

....

So geht's zum Ehekarussell:

Es steht direkt vor dem Weißen Turm auf dem Ludwigsplatz in der Lorenzer Altstadt.

Biologe Wolfgang Dötsch blickt durch den verschlungenen Stamm der Linde und präsentiert das Logo des Bundes Naturschutz: ein Lindenblatt.

32

Prachtvolle Linde
Eines von rund 100 Naturdenkmälern

Die Burg steht unter Denkmalschutz, genauso wie das Rathaus Wolff'scher Bau, der Nassauer Turm und die Lorenzkirche: Die Stadt ist reich an denkmalgeschützten Gebäuden. Doch es gibt auch andere Denkmäler, lebendige nämlich: Etwa 100 Nürnberger Eichen, Platanen, Rotbuchen, Trauerweiden und Linden stehen als Naturdenkmäler unter Schutz. Uralte, knorrige Bäume mit ausladenden Kronen, die einiges erzählen könnten, was sie in ihrem langen Leben schon gesehen haben.

Ein ungewöhnliches Exemplar ist die enorme Linde auf der Hallerwiese. Ab Frühsommer ist der öffentliche Park am Neutorgraben im Stadtteil St. Johannis von Erholungssuchenden belagert: Mütter spielen mit ihren Kleinkindern, Senioren ruhen sich auf Metallliegen aus, Schulklassen machen ein Picknick – ein paar

Meter vom Altstadtring entfernt, auf dem der Verkehr tost. Und mittendrin, in der Nähe des Schnepperschützenbrunnens, ragt die uralte Linde in den Himmel: „Über 200 Jahre dürfte der Baum alt sein", schätzt Biologe Wolfgang Dötsch. Genau kann man das Alter nicht bestimmen, denn die Dendrochronologie funktioniert hier nicht exakt: Lindenholz ist zu weich dafür. Berühmte Künstler wie Tilman Riemenschneider (1460-1531) oder Veit Stoß (1447-1533) haben gerade deswegen Madonnen und Heilige aus Lindenholz geschnitzt: Durch die Weichheit und Gleichmäßigkeit ist das Material optimal zu bearbeiten. Doch natürlich soll das lebende Exemplar auf der Hallerwiese, der ältesten öffentlichen Grünanlage einer deutschen Stadt, nicht für Kunstwerke zerhackstückelt werden, sondern noch möglichst lange leben.

Passanten fürchten mitunter um die Lebenskraft des Baumes, weil der Stamm durchlöchert ist, mehrere Wunden aufweist und in der Krone mit Bändern gesichert wird. Dötsch, Mitarbeiter vom Bund Naturschutz, ist jedoch von der Vitalität der Linde überzeugt: „Sie treibt aus, hat viele Blätter, ist gesund. Die Linde hat die Fähigkeit, verfaulte Teile mit neuem Holz zu umschließen, das ist bei Bäumen einzigartig."

Rund um den Park steht vieles im Zeichen der Linde: Das große Naturdenkmal, dann verläuft dort die Lindengasse und es gibt Richtung Johannisfriedhof einen Biergarten „Zur Linde". Diese Baumgattung ist die am meisten besungene und in der Literatur am meisten zitierte, mehr noch als die deutsche Eiche, behauptet der Naturwissenschaftler. „Das herzförmige Blatt steht oft für die Liebe", schwärmt er und fügt dann ganz und gar sachlich hinzu, „und für den Bund Naturschutz." Seine Organisation hat das Lindenblatt im Logo.

Und für das an Grünflächen nicht eben reiche Nürnberg ist – egal ob Linde, Eiche oder Buche – jeder Baum ein Gewinn. In vielen Vierteln, wie der Südstadt oder der Nordstadt, sind Parks eine Rarität. Die Bäume filtern die Luft, holen Feinstaub und andere Schadstoffe aus der Atemluft. Und sie produzieren bei Sonnenlicht Sauerstoff. Doch hier winkt Biologe Dötsch lächelnd ab und meint: „Global gesehen wird die Sauerstoffproduktion der Bäume überschätzt. Für die Stadtökologie ist dies irrelevant. Den meisten Sauerstoff produzieren die Algen im Meer."

Der Wurzelbereich der Linde gehört übrigens auch zum Naturdenkmal. Eigentlich sollten die Menschen auf Abstand bleiben, um den Boden nicht festzutrampeln und zu verdichten. Denn über die Wurzeln nimmt der pflanzliche Organismus Sauerstoff auf. Wenn das Erdreich verdichtet ist, gibt es Probleme. In Neuseeland hat man daher den „Tane Mahuta", einen der größten Bäume weltweit, mit einem hölzernen Steg umgeben, auf dem die Touristen laufen und das Erdreich somit nicht berühren. So etwas gibt es an der Hallerwiese aber nicht. Jeder kann der Linde auf die Zehen treten, besser gesagt: auf die Wurzeln. Und direkt neben dem rund 200 Jahre alten Baum verläuft der gut verdichtete Fuß- und Radweg.

Einen Wunsch hat Bund-Naturschutz-Sprecher Dötsch: „Man sollte die Naturdenkmäler kennzeichnen: ein grünes Dreieck mit schwarzer Schrift oder eine Eule wie anderswo, das könnte Passanten signalisieren: ‚Halt, hier ist etwas Besonderes'."

Andererseits: Wer mit offenen Augen durch die Hallerwiese spaziert, dem fällt die wunderbare Linde auch ohne Schild auf. Vielleicht merkt der aufmerksame Wanderer sogar, dass jenseits des Schnepperschützenbrunnens zwei mächtige Platanen für Schatten sorgen. Und richtig: Auch diese sind auf der städtischen Liste als Naturdenkmäler anerkannt.

Hartmut Voigt

....

So geht's zur prachtvollen Linde:

Die Linde steht auf der Hallerwiese. Um zu ihr zu gelangen, nimmt man am Hallertor links die Unterführung unter dem Altstadtring und geht etwa bis zur Mitte des Parks in Höhe des Schnepperschützenbrunnens.

33

Treppe

Möbelrücken vor dem Besuch des Kaisers

Wie hat der Kaiser in Nürnberg wohl gewohnt? Diese Frage stellen sich nicht nur Kinder, sondern auch Erwachsene, die die Kaiserburg besuchen. Prunkvoll? Mit einer wertvollen Einrichtung? Und viel Gold und Silber? Wie auf Schloss Neuschwanstein bei Füssen oder im Schloss von Versailles bei Paris? Sonja Oschwald von der Burgverwaltung verneint: „Das kann man überhaupt nicht vergleichen. Denn hier auf der Kaiserburg sprechen wir vom Mittelalter", erklärt sie, während sie vor dem Rittersaal auf einer steinernen Treppe steht.

Seit 1105 ist die Nürnberger Kaiserburg schriftlich belegt. Von da an bis 1571 hielten sich alle Kaiser und Könige des Heiligen Römischen Reichs immer wieder einmal hier auf. Das lag unter anderem daran, dass die Goldene Bulle (1356) von Kaiser Karl IV. (1316-1378) festlegte, dass jeder neu gewählte Herrscher seinen ersten Hoftag in Nürnberg abhalten müsse – immerhin galt die Noris damals als vornehmste und am besten gelegene Stadt des Reiches. Einige Kaiser kamen besonders gern an die Pegnitz: der Wittelsbacher Ludwig IV. (1282-1347), genannt Ludwig der Bayer, stattete ihr 74 Mal einen Besuch ab, Karl IV. 52 Mal. Das stellte die Stadt und ihre Bürger vor so manche Herausforderungen – vor allem, was die Vorbereitungen auf der Burg betraf.

„Die Burg war eigentlich nicht möbliert. Denn der Kaiser hat hier nicht dauerhaft gelebt, er hat die Burg nur immer wieder mal auf seinen Reisen besucht", sagt die Historikerin. Das Bauwerk diente als Sitz der Regierung und als Standort ihres Handelns sowie für Repräsentationszwecke bei Hoftagen und Reichsversammlungen, aber nicht als Familienburg, in der die Kaiser ihre Kinder groß gezogen und ihre Verwandten um sich versammelt hätten. Möbel, die hier in den Monaten und Jahren der kaiserlichen Abwesenheit gestanden hätten, wären nicht nur verstaubt, sondern auch ver-

Sonja Oschwald steht auf der Treppe, über die die sonst leere Kaiserburg bei Besuchen des Oberhaupts mit Möbeln bestückt wurde.

schimmelt und verrottet. „Die Mauern sind aus Sandstein. Der lässt Feuchtigkeit durch. Die Inneneinrichtung wäre also nicht lange in gutem Zustand gewesen", verdeutlicht Sonja Oschwald die Gegebenheiten. Hinzu kam, dass die Stadt Nürnberg ab 1422 die Verantwortung für die Burg hatte und sich eine teure Einrichtung gar nicht hätte leisten können und wollen. Vor allem vor dem Hintergrund, dass diese ohnehin im Weg gewesen wäre: „Der Rittersaal heißt beispielsweise erst seit dem 19. Jahrhundert so, davor trug er den Namen *unterer Saal des Palas*. Hier fanden Hofversammlungen und Gerichtsverhandlungen statt, die viel Platz benötigten. Prunkvolle große Möbel hätten hier nur gestört", sagt die Kaiserburg-Kennerin. Und überhaupt: „Eine Inneneinrichtung, wie wir sie heute haben, kannten die Menschen im Mittelalter ja noch gar nicht. Es gab Tische und Bänke aus Holz, außerdem große Truhen zur Aufbewahrung von Kleidern, Schriftstücken und so weiter. Aber es gab noch kein Sofa oder andere bequeme Möbel." Nur ein Möbelstück hätten die Kaiser immer bei sich gehabt: ihr eigenes Bett.

„Als Regierungsoberhaupt im Sattel ohne Hauptstadt mit festem Wohnsitz, verbrachten die Kaiser ihr Leben damit, von Pfalz zu Pfalz zu reiten, um Gericht zu halten, um Lehen zu vergeben, um Konflikte zu lösen oder um die Großen ihres Reiches zu hören", veranschaulicht Sonja Oschwald das Reiseleben des Oberhaupts im Heiligen Römischen Reich. Die Kaiser regierten von Kaiserpfalzen und Reichsstädten aus, die sie eine nach der anderen besuchten.

Dieses Tor mussten sämtliche Einrichtungsgegenstände auf dem Weg zu ihrem vorübergehenden Standort passieren.

Da sei es durchaus nachvollziehbar, zumindest im eigenen Bett schlafen zu wollen. Dieses konnte überall wieder aufgebaut werden und dem Kaiser zumindest etwas persönlichen Komfort bieten. Zudem gab es eine Bedienungsanleitung dafür, wie die Gurte der Schlafgelegenheit zu spannen seien, um den Herrscher optimal zu betten. „Lattenroste kannte man damals noch nicht", erklärt die Historikerin diese Notwendigkeit. So hatte der Kaiser zumindest schon mal einen Platz, wo er sich zur Ruhe legen konnte.

Doch er reiste nicht allein, im Gegenteil. „Bei solchen Reisen befanden sich bis zu 2.000 Personen im Tross. Der Kaiser hatte seine Ärzte, Köche, Handwerker und Musiker, aber auch seine Familie dabei. Außerdem begleitete ihn seine komplette Kanzlei mit sämtlichen Unterlagen und Schriftstücken", beschreibt die stellvertretende Vorständin der Burg-

„Denn der Kaiser hat hier nicht dauerhaft gelebt, er hat die Burg nur immer wieder mal auf seinen Reisen besucht."

verwaltung. Diese Menschen und auch ihre Tiere zu versorgen, war ein riesiger Organisationsaufwand. Sie alle mussten in jeder Stadt, in der der Kaiser Station machte, essen, trinken und schlafen. Dementsprechend früh wurden die Kaiserbesuche angekündigt und dementsprechend viel Zeit blieb zum Beispiel den Nürnbergern, in der Burg alles vorzubereiten.

„Wenn ein solcher Besuch bevorstand, lieh die Stadt bei ihren Patriziern Möbel aus, um die Burg adäquat auszustatten", lüftet Sonja Oschwald das Geheimnis der Inneneinrichtung und auch das der Treppe, auf der sie steht. Denn über diese wurden Einrichtungsgegenstände und vieles mehr vor über 500 Jahren ins Innere der Burg gebracht.

Nicht nur Möbel mussten mühsam auf den Berg transportiert und dort in den Räumen verteilt werden. Der Stadtbaumeister Endres Tucher berichtet in seinen Aufzeichnungen davon, was sonst noch alles zu tun war: „Das sloß am dachwerck allenthalben die decker zu übergeen und pesseren lossen", will heißen: das Dach musste ausgebessert werden. Die „glesser in den stuben und kamern auf dem sloß pesseren und etlich waschen und fursetzenlossen, wo sein nott was", die Fenster mussten also geputzt und ausgebessert werden, wo es vonnöten war. Den „haffner zu den offen sehen, die pesseren und außsteuben lossen allenthalben", bedeutet: Der Hafner musste die Öfen kontrollieren und ausbessern. Den „slosser zu allen slossen sehen und die vertigen auch zu jedem sloß 2, zu etlichen 3, zu etlichen 4 und 6 slüssel machen lossen", hieß für den Schlosser, dass er alle Schlösser testen und dafür zu sorgen hatte, dass genügend Schlüssel für jedes von ihnen vorhanden waren.

Sonja Oschwald ergänzt die seitenlange To-Do-Liste, die Tucher hinterließ: „Es musste dreimal vom Dachboden bis zum Keller gefegt werden. Die Mäuseplage sollte eingedämmt und die Haken im Keller so hoch angebracht werden, dass Nagetiere die dort aufgehängten Getreidesäcke nicht erreichen konnten. Außerdem musste die Küche erweitert werden." Denn im Burgalltag reichte den Burgverwaltern ein kleiner Raum, um ihre Verpflegung zuzubereiten. Bei Kaiserbesuchen war ein extra Zelt nötig, um den Platz zu vergrößern. Und damit war längst noch nicht alles erledigt, was laut Tucher vor einem Besuch des Kaisers anstand.

Das galt, bis Ludwig der Bayer an die Macht kam. „Er stellte fest, dass die Häuser der Nürnberger Patrizier besser beheizbar und wohnlicher waren, und residierte künftig dort und nicht mehr auf der Burg", sagt Sonja Oschwald. Zu tun gab es auch dann immer noch genug. Aber das Bett des Kaisers wurde von da an nicht mehr über die steinerne Treppe ins Innere der Burg gebracht.

Heike Thissen

So geht's zur Treppe:

Die steinerne Treppe, über die bei Kaiserbesuchen die Ausstattung in die Burg gebracht wurde, führt vom Hof in den heutigen Rittersaal. Betritt man den Platz durch das Tor, steht sie linker Hand.

Auf Du und Du mit dem Dinosaurier: Gabriele Prasser kennt sich bestens aus mit dem Plateosaurus.

34

Dinosaurier

Wo Plateosaurus seinen Fußabdruck hinterließ

Wer „Jurassic Park", den spannenden Dinosaurier-Krimi von Steven Spielberg, gesehen und mit den Filmhelden um ihr Überleben mitgezittert hat, ist nervlich gut gerüstet für einen Besuch in der Eingangshalle der Naturhistorischen Gesellschaft (NHG). An diesem Ort hängt nämlich im Treppenaufgang das acht Meter lange Skelett eines Plateosaurus. Seine 60 scharfen Saurierzähne kann man ganz unmittelbar aus der Nähe betrachten – und bei dem gruseligen Anblick ein etwas mulmiges Gefühl bekommen.

Der Arzt Johann Friedrich Engelhardt (1783-1862) hatte 1834 den ersten größeren Dinosaurier der Erdgeschichte gefunden – bei Buchenbühl, nur wenige Kilometer außerhalb Nürnbergs. Oder besser gesagt: Er hat wenige Wirbel und Knochen, die von ihm übrig geblieben waren, gefunden. Diese liegen fein säuberlich geordnet in einer Vitrine direkt am Treppenumgang.

Das beeindruckende Dinosaurierskelett ist ein Modellnachbau von Knochen, die aus dem mittelfränkischen Ellingen stammen. Zur Erinnerung an den Finder heißt die Art „Plateosaurus engelhardti". Vor über 220 Millionen Jahren ist das mächtige Wirbeltier durch das sandige Umland Nürnbergs getrapst. Auf die originalen Knochen ist Gabriele Prasser, Vorsitzende der Natur-historischen Gesellschaft, besonders stolz: „Es ist schon ein un-glaubliches Gefühl, wenn man sich anhand dieser Exponate die Dauer der Erdgeschichte bewusst macht. Unser Sonnensystem existiert schließlich seit 4,5 Milliarden Jahren." Die Geschichte der Menschheit ist im Vergleich dazu gerade mal ein kurzer Wimpernschlag. Da kann man schon nachdenklich werden.

Was weiß man eigentlich vom „Plateosaurus engelhardti"? Er hat Eier ausgebrütet – und die waren nicht einmal sonderlich groß, Straußeneier sind voluminöser. Aus einem vergleichsweise kleinen Ei mit zehn Zentimetern Durchmesser wuchs ein gigantisch großer Pflanzenfresser heran. Die scharfen Zähne hat er zum Abrupfen von Grünzeug benutzt. Ob er damit auch Aas oder kleine Beutetiere gefressen hat, ist umstritten. Entwarnung also: Der Saurier hätte wahrscheinlich nicht Jagd auf den Menschen gemacht. Zeitlich sind sich die beiden Spezies natürlich nie begegnet. Als der Mensch die Erde zu bevölkern begann, war der Plateosaurus schon viele Millionen Jahre ausgestorben.

Mit seinen acht Metern Länge beeindruckend groß: die Nachbildung eines Dinosauriers, der unweit von Nürnberg gefunden wurde.

Theoretisch hätte der Dinosaurier damals von Franken bis nach Nordamerika laufen können, meint Gabriele Prasser. Denn zu seinen Lebzeiten existierte noch der Superkontinent Pangäa, erst später zerbrach die riesige Landmasse in mehrere Kontinente. Wie genau sich der Plateosaurus fortbewegt hat, darüber streiten die Wissenschaftler: Manche behaupten, er sei aufgerichtet auf den beiden Hinterbeinen schnell gelaufen und auf allen Vieren gemächlich weiter gegangen. Andere denken eher an ein schwerfälliges, känguruartiges Hopsen. Wieder andere meinen, der Pflanzenfresser habe sich eidechsenähnlich im Spreizgang mit starker seitlicher Beugung des Körpers fortbewegt. Mit anderen Worten: Man weiß es nicht.

Wie sah die Landschaft um Nürnberg zu seinen Lebzeiten aus? In der sandhaltigen, endlos weiten Ebene wuchsen Riesenschachtelhalme, Araucarien, Ginkgo- und Nadelbäume. Ein 200 Millionen Jahre alter, versteinerter Baumstamm ist übrigens in der NHG-Sammlung zu sehen – gleich beim Dinosaurierskelett ums Eck im ersten Raum.

Aber noch besser: Im Stadtgebiet kann man etliche lebende Ginkgobäume und Araucarien sehen, Pflanzen-Dinosaurier sozusagen. Im Gegensatz zu den tierischen Dinosauriern haben diese Urarten überlebt. „Und wer ein wirklich mächtiges, mindestens 220 Millionen Jahre altes Nürnberger Naturdenkmal sehen will, für den habe ich einen Tipp: den Burgfelsen aus Sandstein anschauen", sagt Gabriele Prasser, „da blickt man ewig weit in die Erdgeschichte zurück."

Hartmut Voigt

....

So geht's zum Dinosaurier:

Die Naturhistorische Gesellschaft liegt direkt am Altstadtring, am Marientorgraben 8. Das Dinosaurierskelett ist zu den Öffnungszeiten des Museums in der Eingangshalle zu bewundern.

Eingäng ▶

35

Marienportal
Auf die Details kommt es an

Dafür, dass es sich immer wieder lohnt, ganz genau hinzusehen, ist das Marienportal der Sebalduskirche ein gutes Beispiel. Doch was der aufmerksame Beobachter hier entdeckt, lässt ihn erst einmal ratlos zurück: Dort sind mehrere Menschen zu sehen, deren Hände dem Bildhauer nicht sonderlich gelungen zu sein scheinen. Tatsächlich handelt es sich dabei jedoch nicht um einen Fehler des Künstlers, sondern um ein eindeutiges Zeichen christlicher Judenfeindlichkeit. „Die Darstellungen an der Sebalduskirche dienen unter anderem dem Zweck, die Nürnberger Judenpogrome der Jahre 1298 und 1349 zu rechtfertigen", erklärt Dr. Alexander Schmidt. Der Historiker arbeitet im Dokumentationszentrum Reichsparteitagsgelände und hat sich nicht nur mit dem Nationalsozialismus und der *jüngeren* Geschichte der Juden in Nürnberg beschäftigt, sondern auch mit der *älteren*.

Das Marienportal zeigt eine Legende, die nicht aus der Bibel stammt: die Beerdigung der Gottesmutter. Unzählige Menschen und Engel, die den Trauerzug begleiten, sind in dem Tympanon zu sehen. Doch nicht alle Dargestellten sind mit Trauern beschäftigt. „Unter dem Sarg kann man zwei Personen mit eigenartig abgewinkelten Händen erkennen. Sie tragen spitze Hüte auf dem Kopf und sind somit eindeutig als Juden zu identifizieren", erklärt der Historiker. Was es mit ihnen auf sich hat? „Die Geschichte geht so, dass Juden bei der Beerdigung versuchen, den Sarg mit dem Leichnam Marias umzustoßen, und somit nicht nur die Gottesmutter, sondern das gesamte Christentum angreifen. Doch in dem Moment, in dem sie den Sarg berühren, verdorren ihnen die Hände", beschreibt und deutet Schmidt die Darstellung. Als das Marienportal mit seinem antijüdischen Bildprogramm 1320 entstand, lag das erste Judenpogrom in Nürnberg gerade einmal 22 Jahre zurück. Und das nächste fand 29 Jahre später statt. „Das war nur möglich, weil eine

Das Marienportal der Sebalduskirche ist künstlerisch eindrucksvoll gestaltet. Doch bei genauem Hinsehen entlarvt es die Judenfeindlichkeit der christlichen Kirche im Mittelalter.

stark antijüdische Stimmung in der Stadt und im ganzen Land herrschte", sagt Alexander Schmidt. Dabei hatte die Geschichte der Nürnberger Juden im Mittelalter eigentlich vielversprechend begonnen.

Schon im Jahr 1146 sind für Nürnberg Bürger jüdischen Glaubens überliefert. Vermutlich waren sie gekommen, weil sie in anderen Regionen verfolgt wurden und sich hier sicher fühlten. Anlass dafür gab ihnen König Konrad III. (1093-1152): Er gewährte den Juden Schutz und wies ihnen ein Siedlungsgebiet auf dem heutigen Hauptmarkt zu, das so sumpfig war, dass sie ihre Häuser auf Holzpfähle bauen mussten. „Die Zuwanderer kamen ihm gelegen, weil er nicht nur ihr Beschützer war, sondern auch der Nutznießer von ihren Steuern", rückt Alexander Schmidt das Bild des judenfreundlichen Wohltäters zurecht. Immerhin wirtschafteten die Juden sehr erfolgreich und trugen einen großen Teil dazu bei, dass sich Nürnberg in jenen Jahrzehnten des 12. und 13. Jahrhunderts zu einer prosperierenden Stadt entwickelte.

Unter dem Sarg sind Menschen mit verkrüppelten Händen zu sehen. Warum?

Mitte des 13. Jahrhunderts befand sich an der Pegnitz die größte jüdische Siedlung in Süddeutschland, in der rund 2.000 Mitglieder lebten. „Auf dem heutigen Stadtplan würde sie sich von der Fleischbrücke über den gesamten Hauptmarkt bis zum Hans-Sachs-Platz erstrecken", veranschaulicht Schmidt die Fläche des Judenviertels. Auch eine Synagoge habe es gegeben, zu der in späteren Jahren auch ein rituelles Tauchbad – eine Mikwe – und ein Anbau für Frauen gehörten.

Doch dann trat ein Mann namens Rintfleisch aus Röttingen an der Tauber auf den Plan. Es ist nicht geklärt, ob er Metzger oder ein verarmter Adliger war. Fest steht dagegen, dass er mit einem nach ihm benannten Pogrom einen verheerenden Massenmord an den fränkischen Juden anzettelte. Diesem fielen insgesamt bis zu 5.000 Männer, Frauen und Kinder zum Opfer, davon allein in Nürnberg 628.

„Rintfleisch betrachtete sich selbst als von Gott erleuchtet. Er nahm einen angeblichen Hostienfrevel in seiner Heimatstadt zum Anlass, um erst dort mehr als 50 Menschen umzubringen und dann mit einer Gruppe sogenannter Judenschläger durch fränkische Städte zu ziehen", beschreibt der Historiker dessen Umtriebe. Am 1. August 1298 erreichte Rintfleisch Nürnberg und erschlug oder verbrannte

„Die Darstellungen an der Sebalduskirche dienen unter anderem dem Zweck, die Nürnberger Judenpogrome der Jahre 1298 und 1349 zu rechtfertigen."

mit seinen Männern fast die Hälfte der damaligen jüdischen Gemeinde, die dabei viele wichtige Würdenträger verlor. So töteten die Schläger unter anderem den gelehrten Rabbiner Mordechai ben Hillel (1240-1298), einen der wichtigsten jüdischen Gelehrten des Mittelalters.

Warum hielt niemand das Morden und Sengen des Mobs auf? Den Christen im Mittelalter fielen viele Gründe ein, warum sie ihren Zorn auf die Juden in Massenausschreitungen äußern müssten. So sehr diese aus heutiger Sicht an den Haaren herbeigezogen scheinen, so plausibel klangen sie in den Ohren der Menschen damals. „Juden bringen die Kinder von Christen um, weil sie ihr Blut für ihre Rituale brauchen", „Juden zerstechen Hostien und damit den ‚Leib des Herrn'" oder „Juden vergiften Brunnenwasser" waren nur drei der wiederholt verwendeten Muster, um die Angehörigen der Glaubensgemeinschaft zu denunzieren.

Dass Rintfleisch und Konsorten ungehindert ihre Blutspur durch Franken ziehen konnten, lag außerdem an einer gewissen Rechtsunsicherheit, die Ende des 13. Jahrhunderts in der Region herrschte: Adolf von Nassau (1250-1298) und Albrecht von Habsburg (1255-1308) stritten sich um den Königsthron. Erst als Adolf als deutscher König abgesetzt und Albrecht als sein Nachfolger bestätigt worden war, war an so etwas wie eine Bestrafung der Mörder überhaupt zu denken. Im September desselben Jahres zog König Albrecht nach Nürnberg. „Aber bis auf die Verbannung von wenigen kamen die meisten der Täter ungestraft davon", beschreibt Alexander Schmidt das Ende dieses grausamen Kapitels in der Nürnberger Geschichte. Die Juden, die überlebt hatten, bauten unter dem wiedererlangten Schutz des Königs ihre Gemeinde erneut auf.

Das allerdings hinderte die am Marienportal beschäftigten Bildhauer zwei Jahrzehnte später nicht daran, einen Hinweis darauf zu hinterlassen, dass das Pogrom ihrer Meinung nach vielleicht doch nicht zu Unrecht stattgefunden habe. Und es war nicht die erste judenfeindliche Darstellung an der Außenfassade des Gotteshauses: Bereits seit 1315 zeigte das Weltgerichtsportal auf der anderen Seite der Kirche einen Mann mit Judenhut, der beim Jüngsten Gericht als Erster in den Höllenschlund gerissen wird – als schlimmster Sünder unter den Menschen. „Aber damit ist mit judenfeindlichen Darstellungen noch nicht Schluss", sagt Alexander Schmidt. Um 1380 kam am Ostchor noch eine sogenannte Judensau dazu. „Sie zeigt Juden, die sich mit einem Schwein im Dreck wälzen, an seinen Zitzen saugen und so ihre eigenen religiösen Regeln brechen", erklärt der Historiker die menschenverachtende Darstellung, die mit bloßem Auge im Detail nicht zu erkennen ist. Genaues Hinsehen kann zu besonderen Einsichten führen, manchmal auch zu erschreckenden.

Heike Thissen

···

So geht's zum Marienportal:

Das Marienportal befindet sich auf der nördlichen Seite der Sebalduskirche am Sebalder Platz.

Einen Bahnsteig neben den Gleisen gab es auch im Dritten Reich nicht. Die Menschen, die hier einsteigen mussten, kletterten mühsam in die Waggons.

36

Gleise

Abfahrt in die Vernichtung

D r. Alexander Schmidt steht am Haltepunkt Langwasser und folgt mit seinem Blick dem Verlauf der Schienen. „Hier ungefähr muss es gewesen sein", sagt er und deutet auf die Gleise, die vor ihm liegen.

Es war in den Jahren 1941 und 1942, als an dieser Stelle 1.632 Menschen jüdischer Abstammung zwei Züge mit einem für sie unbekannten Ziel besteigen mussten. Hier begann die Abfahrt in die geplante Vernichtung, die letztlich nur 72 von ihnen überlebten.

Ursprünglich waren der Haltepunkt und die Schienen dafür gedacht gewesen, Tausende von Teilnehmern der Reichsparteitage zu empfangen. Anschließend sollten sie ins nahegelegene Märzfeld in ihre Unterkünfte gelangen. „Hier war eigentlich ein richtig großer Bahnhof geplant. Das lässt sich an dem Fußgängertunnel und an den acht Gleisen erkennen", erzählt Schmidt, der als wissen-

131

schaftlicher Mitarbeiter im Dokumentationszentrum Reichparteitagsgelände arbeitet. Alle drei bis fünf Minuten – so die Planung – hätten hier Züge gehalten und jedes Mal Hunderte von Menschen gebracht. Doch nicht nur der Bahnhof war in großen Dimensionen geplant. Auch die an ihn angeschlossene „Reichs-Lagersiedlung" südlich der Aufmarsch-Arenen des Reichsparteitagsgeländes war riesig und bot Platz für mehrere Hunderttausend Menschen. Sie entstand ab 1933 als eine Zeltstadt auf 950 Hektar, einer Fläche von mehr als 1.300 Fußballfeldern. Unterschiedliche nationalsozialistische Organisationen nutzen sie für ihre Zwecke. Hier fanden Zeltlager der Hitlerjugend statt, und der Reichsarbeitsdienst hatte seinen festen Platz genauso wie SA, SS und die Wehrmacht.

Der Bahnhof Märzfeld wurde nie ganz fertiggestellt und deshalb auch nie für seinen ursprünglichen Zweck als Bahnhof für die Teilnehmer des Reichsparteitags verwendet. Denn ab 1939 kam dem Gelände mit dem Beginn des Zweiten Weltkriegs und dem Ende der Reichsparteitage eine andere Funktion zu: die eines Kriegsgefangenenlagers. „Im Durchschnitt wurden hier um die 30.000 Menschen verschiedener Nationen gefangen gehalten, von denen einige Tausend ihren Aufenthalt in Nürnberg nicht überlebten", erklärt der Historiker.

„Im Durchschnitt wurden hier um die 30.000 Menschen verschiedener Nation gefangen gehalten, von denen einige Tausend ihren Aufenthalt in Nürnberg nicht überlebten."

Außerdem seien Teile des Geländes zu einem Sammellager für die Deportation der Menschen jüdischer Abstammung aus ganz Nordbayern umfunktioniert worden. Das „Durchgangslager II" im heutigen Stadtteil Langwasser war die letzte Station auf ihrem Weg in den Tod.

„Organisiert haben diese Deportationen die Gestapo und die SS. Sie unterstanden dem Nürnberger Polizeipräsidenten Benno Martin, der auch höherer SS- und Polizeiführer war", sagt Alexander Schmidt. Dafür, dass sie ausgerechnet den Bahnhof Märzfeld für ihre Deportationen wählten, gab es einen guten Grund: Er lag abseits des Stadtzentrums nahe der Gleise und war gut abgeschirmt, sodass sich die Transporte weitgehend unauffällig durchführen ließen.

Am Samstag, dem 29. November 1941, fuhr der erste Zug mit mehr als tausend Menschen von hier in Richtung Riga ab. Sein Ziel: das Konzentrationslager Jungfernhof. 512 der Deportierten stammten aus Nürnberg, die anderen aus den nicht weit entfernten Städten Fürth, Bamberg, Bayreuth und Würzburg. Knappe vier Monate später traten mehr als 900 Juden ihre Fahrt ins Ungewisse an, die im Ghetto Izbica im polnischen Lublin endete. „Aus dem ersten Transport überlebten 17 jüdische Nürnberger, aus dem zweiten niemand", nennt der Historiker die traurige Bilanz. „Es gibt Fotos, die die Juden auf ihrem Weg ins Durchgangslager zeigen. Darauf sind sie mit dem gelben Stern und Transportnummern gekennzeichnet und tragen ihre Habseligkeiten. Sie standen unter der Bewachung von SS und Polizei."

Drei Tage zuvor waren die Nürnberger Juden von Beamten der Gestapo mit Lastwagen abgeholt worden. „Sie durften einen Koffer von bis zu 50 Kilogramm mitnehmen und Matratzen, Lebensmittel und Kochgeräte. Das sollte ihnen vorgaukeln, dass sie *nur* umgesiedelt werden", weiß der Historiker. Behalten durften sie ihre persönlichen Dinge nicht. Ihr Bargeld mussten sie schon zu Beginn an die Gestapo-Beamten aushändigen. Später wurden ihnen Dinge wie Seife, Schmuck und Edelmetall-Gegenstände abgenommen, außerdem ihre Konserven und jegliche Schriftstücke. Zunächst verbrachten sie zwei Tage im Lager, bevor sie von dort zu den Gleisen gehen sollten, die

Dr. Alexander Schmidt sitzt auf der Mauer neben den Gleisen, auf denen die Züge standen, die Tausende Menschen jüdischer Abstammung in die Konzentrationslager brachten.

heute noch an der Haltestelle Märzfeld zu sehen sind. Weil es hier damals wie heute an der zum Lager nächstgelegenen Stelle keinen Bahnsteig gibt, mussten die Menschen mühsam in die Waggons klettern, wollten sie nicht von den Bewachern misshandelt werden. „Die Deportationen hatten unter anderem zum Ziel, die Juden vollständig auszuplündern", ordnet Schmidt das Geschehen ein.

„Aus dem ersten Transport über-lebten 17 jüdische Nürnberger, aus dem zweiten niemand."

Dabei bediente sich nicht nur der deutsche Staat, sondern auch Menschen, die an den Deportationen beteiligt waren: „Es ist überliefert, dass im Anschluss an die zweite Deportation ein sogenannter Kameradschaftsabend stattgefunden hat, bei dem die Lebensmittel und Getränke verzehrt wurden, die zuvor den Juden abgenommen worden waren. Und bei einer Tombola wurden die persönlichen Gegenstände verlost."

An all das und noch viel mehr erinnern die Gleise am Halte-punkt Langwasser. „Ich bin mir sicher, dass der Bahnhof nicht für diesen Zweck geplant wurde", sagt Alexander Schmidt, „das hat sich vielmehr so ergeben, dass hieraus eine Station zur Organisation von Verfolgung wurde." Heute wirke das gesamte Gelände wie aus der Zeit gefallen, weil es weitgehend dem Verfall überlassen sei.

Schmidt und viele andere wünschen sich an dieser Stelle einen zen-tralen Gedenkort, der an die Deportationen erinnert. Er ist zuver-sichtlich, dass es irgendwann damit klappen wird.

Heike Thissen

So geht's zu den Gleisen:

Die Gleise der Haltestelle Märzfeld befinden sich im heutigen Stadtteil Langwasser zwischen Breslauer Straße und Thomas-Mann-Straße.

37

Der Jungfrauenadler zierte ab Ende des 15. Jahrhunderts immer mehr öffentliche Gebäude in der Stadt, so auch das Alte Rathaus. Doch wo hat der vormals männliche Oberkörper seine Brüste her?

Jungfrauenadler
Vom Jüngling zum Mädchen zum Mann

Es gibt Wappentiere, die unansehnlicher sind als das am Alten Nürnberger Rathaus. Der Jungfrauenadler, der hier in dem großen Stadtwappen über dem nördlichen Portal am Wolff'schen Bau zu sehen ist, kommt als barbusiges, hübsches Mädchen mit wallendem braunen Haar daher. Und er ist in dieser Ausführung nicht der einzige in der Stadt. „Ich kann mir gut vorstellen, dass die Ratsherren von damals gern einen Blick nach oben geworfen haben, wenn sie auf dem Weg zu ihren Sitzungen waren", sagt Gabriele Stauß und schmunzelt. Eine entblößte und noch dazu so wohlgeformte Frauenbrust sei im 17. Jahrhundert – als das Rathaus seine aktuelle Fassade erhielt – schließlich eher selten in der Öffentlichkeit zu sehen gewesen.

„Ursprünglich zeigte das Hauptsiegel der Stadt einen Reichsadler mit Kaiserkopf. Der sollte auf das kaiserliche Siegel verweisen und die Reichsfreiheit unterstreichen", erklärt die Nürnberg-Kennerin. Doch ab dem 15. Jahrhundert habe sich der obere Teil des Vogels verändert und sei zunehmend weiblicher gestaltet worden, nicht nur in seinen Gesichtszügen, sondern auch und vor allem in seinem Oberkörper. Ihm wuchsen Brüste! Von 1481 an zeigen immer mehr künstlerische Abbildungen über dem gefiederten Körper eine Frau und nicht mehr einen Mann. Ausschlaggebend war dafür wohl, dass das Nürnberger Sekretsiegel, mit dem Urkunden und wichtige Schreiben versehen wurden, 1440 geändert wurde und dessen Adler einen breiteren – wenn auch nicht einen weiblichen – Rumpf aufwies. Mit dieser Abwandlung wollte der Rat der Stadt Fälschungen verhindern. Dass daraus ein üppiges Dekolleté resultierte, könnte daran gelegen haben, dass einem Stempelschreiber das Siegel misslang und der Kaiseradler plötzlich Brüste hatte. Auch könnten Künstler aus dem Kaiserbild mit Lockenkopf entweder aus Unkenntnis oder aus Versehen eine Frau geschaffen haben – oder aber, weil sie den Kaiser schmähen wollten. „Ab Mitte des 16. Jahrhunderts hatte sich diese Darstellung an öffentlichen Gebäuden dann durchgesetzt", sagt die Gästeführerin.

„Ab Mitte des 16. Jahrhunderts hatte sich diese Darstellung an öffentlichen Gebäuden dann durchgesetzt."

„Es ist nicht geklärt, warum diese Entwicklung stattgefunden hat." Die verschiedenen Theorien nennen astrologische Gründe – Nürnberg stehe im Sternbild der Jungfrau und trage deshalb den Adler mit Mädchenkopf –, aber auch die Tatsache, dass die Stadt nie erobert wurde und somit jungfräulich geblieben sei. Der Humanist Konrad Celtis (1459-1508) hatte seine ganz eigene Meinung, nämlich, dass der Jungfrauenadler Zeichen dafür sei, dass die Nürnberger Männer unter dem Pantoffel ihrer Frauen stünden. Wie dem auch sei, in der Renaissance- und Barockzeit fand diese Ausgestaltung des Wappens häufig Verwendung, ein offizielles Stadtwappen war es jedoch nie.

Es war zu Zeiten des Nationalsozialismus, dass der Rat der Stadt 1936 Scherzen wie denen von Konrad Celtis ein Ende bereitete. Er legte den goldenen Adler mit jugendlichem, langhaarigem Königskopf auf blauem Hintergrund als großes Wappen fest. „Von da an durfte der Jungfrauenadler nicht mehr verwendet werden, weshalb er ausschließlich an Gebäuden zu finden ist, die älter sind", erklärt Gabriele Stauß.

Heute führt die Stadt Nürnberg zwei Stadtwappen: Das große zeigt einen goldenen Adler mit jugendlichem Königskopf, der eine goldene Blattkrone auf seinem wallenden Haar trägt. Das kleine besteht in einem gespaltenen Schild. Auf ihm ist vom Betrachter aus gesehen links ein halber schwarzer Reichsadler mit roter Zunge, goldenem Fang und goldenem Schnabel auf goldenem Untergrund zu sehen, rechts hingegen sechs Schrägstreifen in Rot und Silber.

Ein Königskopfadler, wie er im Buche steht: mit Männerkopf, ohne entblößtes Dekolleté.

Nackte Frauenbrüste sind indes nicht mehr zu entdecken. Aus dem Jüngling, der mehrere Jahrhunderte lang als barbusige Frau dargestellt wurde, ist wieder ein richtiger Mann geworden.

Heike Thissen

So geht's zum Jungfrauenadler:

Ein besonders schönes Exemplar des Jungfrauenadlers befindet sich am Alten Rathaus am nördlichen Portal des Wolff'schen Baus.

OMNIA HABENT ORTVS .SVAQVE IN
CREMENTA SED ECCE
QVEM CERNIS NVNQVAM BOS FVIT
HIC VITVLVS

38

Ochse

Steinerne Gelassenheit über dem Portal

Wie gut, dass dieser Ochs, der hoch oben auf dem Torbogen an der Fleischbrücke hockt, ein Herz aus Stein hat! Wäre das nicht der Fall, hätte es ihm sicherlich schon gar zu oft geblutet bei all dem, was er im Laufe der Jahrhunderte mit ansehen musste. Vor allem der Anblick seiner vitalen Artgenossen hätte ihm wohl zu schaffen gemacht, die zu früheren Zeiten von Ungarn aus über eine Strecke von nahezu 1.000 Kilometern ins Zentrum Nürnbergs getrieben wurden. Die von der Fleischbrücke her anrückenden Tiere mussten an dem Steinochsen vorbeimarschieren. Ihr letzter Gang führte sodann um das Fleischhaus herum, das als Verkaufshalle der Metzger diente. Endstation war das Schlachthaus, das als Holzkonstruktion direkt vor dem Fleischhaus in der Pegnitz stand. Die Schlachtabfälle entsorgte man bequemerweise, wie auch andernorts üblich, in den Fluss. Tempi passati!

„Immer wieder wurden die geschundenen Tiere auch noch Opfer der Volksbelustigung", berichtet der vormalige Leiter der Staatsbibliothek Bamberg, Dr. Werner Taegert, der zu dem Steinochsen an der Pegnitz und seinem Bamberger Pendant am alten Schlachthaus an der Regnitz eine kulturgeschichtliche Publikation vorbereitet. „Die städtische Obrigkeit versuchte verschiedentlich, gegen volksbelustigende Zudringlichkeiten beim Viehauftrieb vorzugehen – offenbar ohne nachhaltigen Erfolg." Taegert verweist auf ein Ratsmandat vom 4. September 1756. Darin heißt es „An einen Hochlöbl. Rath ist, nicht ohne sonderbares Mißfallen, zu wiederholten malen gelanget, welchermassen nicht nur bey Abtheilungen der anher gekommenen Triebe Ungarischer Ochsen, sondern auch, wann dergleichen Viehe in die Schlacht-Bank geführet worden, es von zusammengeloffenen theils jungen theils andern müssigen Leuthen zu allerhand ohnanständigen Unfug auch damit, durch muthwillige Verscheuch- und Herumjagung solcher Ochsen zu gefähr- und

---

Dr. Werner Taegert hat die Geschichte des steinernen Ochsen bis ins kleinste Detail recherchiert.

schädlichen Folgerungen gediehen ist." Die Metzgerknechte sollen „alles Geschrey und solche Mittel, wodurch sie das Viehe erst, zur Ungebühr, wild zu machen öfters begonnen haben, gänzlich unterlassen". Die Grauochsen, so Werner Taegert, seien seit dem Spätmittelalter bis weit in die Frühe Neuzeit hinein in großen Trecks aus der ungarischen Tiefebene in Ballungsgebiete Mitteleuropas getrieben worden. „Die robusten, großhörnigen Tiere waren den Strapazen des viele Wochen dauernden Weges gewachsen, der auf festgelegten Routen abseits regulärer Verkehrsstraßen zurückgelegt wurde."

Das Ochsenportal wurde 1599 errichtet. Der auf das Portal gesetzte Ochse wies sinnig und augenfällig auf die Funktion von Fleischhaus und Schlachthaus hin. Von seinem erhabenen Platz aus beobachtet er noch immer in stoischer Ruhe, was sich zu seinen Füßen tut. „Dabei sah sich das friedfertige Rindvieh des Öfteren mehr oder weniger unsanft aus seiner behäbigen

„Bei solcher Gelegenheit dürfte es kaum vermeidbar zu nonverbaler Kommunikation zwischen dem Ochsen und dem vorbeireitenden Würdenträger gekommen sein."

Ruhe gerissen", sagt Taegert schmunzelnd. Bei Staatsempfängen hätten feierliche Einzüge auf dem Weg zur Burg regelmäßig über die Fleischbrücke geführt. „Bei solcher Gelegenheit dürfte es kaum vermeidbar zu nonverbaler Kommunikation zwischen dem Ochsen und dem vorbeireitenden Würdenträger gekommen sein, so wohl erstmals 1612, als der soeben gekürte Kaiser Matthias (1557-1619) mit größtem Pomp empfangen wurde", führt Werner Taegert aus. „Und über König Gustav Adolf von Schweden, der 1632 einritt, wird dann tatsächlich berichtet, dass er einige Zeit vor dem Monument verweilt habe, um sich andachtsvoll auf die erheiternde Lektüre des lateinischen Epigramms unter der Skulptur einzulassen: *Omnia habent ortus suaque incrementa, sed ecce: Quem cernis nunquam Bos fuit hic Vitulus.*

Werner Taegert schlägt diese deutsche Übersetzung vor: „Alles hat seinen Ursprung und sein Wachstum, doch sieh nur: Den du erblickst, dieser Ochse, ist niemals ein Kalb gewesen." Der Altphiloge kann natürlich nicht darüber hinwegsehen, wenn Übersetzungen beim fünften Wort einen sinnentstellenden Fehler einschleppen: *ortus suaque incrementa* heißt „seinen Ursprung und sein Wachstum", nicht – wie gelegentlich zu lesen – „seinen Ursprung und Anfang".

„Der Einfall der Nürnberger, ihrem Ochsen einen natürlichen Wachstumsprozess abzusprechen, ist allerdings neu und originell", kommentiert Taegert. Der Bildhauer demonstriere hier seine kreative Überlegenheit über die schöpferische Natur, indem er vertraute Seinsgesetze aushebelt: „Er kann ein voll ausgewachsenes Lebewesen erschaffen und ihm damit das

„So kurz nach dem Krieg konnte man natürlich keine echten ungarischen Hörner beschaffen."

Durchlaufen langwieriger und lästiger Entwicklungsphasen ersparen. Oder wäre vielmehr zu beklagen, dass er seine Kreatur der Kindheit beraubt?"

Nicht nur gekrönte Häupter hielten vor Ochs und Inschrift aufmerksam inne: Auch normalen Bürgern war es bisweilen ein Anliegen, dem Denkmaltier ihre Reverenz zu erweisen. Taegert zitiert die Kindheitserinnerung einer 1941 geborenen Nürnbergerin: „Vor dem Ochsen hat mein Großvater meist den Hut gezogen und spaßig gesagt: ‚A Viech verdient ah a bissla Achtung.'"
Nationalsozialistischer Propaganda sei das durch und durch unpolitische Wesen allerdings gnadenlos ausgeliefert gewesen: „Während der Nürnberger Reichsparteitage der NSDAP sah der sprachlose *Zuschauer an der Pegnitz* hochgestimmte Menschenmassen und braune Marschformationen an sich vorbeidrängen", weiß Taegert zu berichten. Es sollte dem Ochsen auch nicht erspart bleiben, in dem Propagandafilm „Triumph des Willens" über den Reichsparteitag von 1934 „als zwangsrekrutierter Statist mitzuwirken, und das gewissermaßen in einer tragenden Rolle: Die Regisseurin Leni Riefenstahl ließ Jubelpublikum mit Hitlergruß oben auf dem Portal Platz nehmen – direkt neben und sogar auf dem Rinder-Korpus."

Und dann ging es dem Steinochsen wirklich an den Kragen: Bei dem britischen Nachtangriff auf Nürnberg am 2. Januar 1945, der ab 18:35 Uhr weite Teile der Stadt binnen 53 Minuten in Trümmer legte, wurde das Monument an der Fleischbrücke von Bombensplittern getroffen. „Das kostete die Skulptur ihren Kopf und ihre Extremitäten", sagt Werner Taegert. Doch das Tier sollte – in neuem Körper – wiederauferstehen. Die getreue Nachbildung schuf Bildhauer Emil Zentgraf (1893-1976). Aber: „So kurz nach dem Krieg konnte man natürlich keine echten ungarischen Hörner beschaffen, und so war man froh über die Hörner eines ostafrikanischen Watussi-Stiers, die der Nürnberger Tiergarten ersatzweise beisteuerte", erzählt Taegert.

Am 21. Februar 1951 wurde die Kopie des Ur-Ochsen unter reger Anteilnahme der Bevölkerung auf das angestammte Podest gesetzt. „Das Trümmer-Ochsen-Relikt fand seine vorerst letzte Ruhe auf einem Grundstück in Nürnberg-Ziegelstein", sagt der Bamberger Steinochsen-Experte. 60 Jahre lang (er-)trug der neue Ochse die exotischen Hörner, dann wurde er 2011 für kurze Zeit zum Einhorn, als ihm unversehens sein rechtes Horn abhandenkam. „Retterin in der Not war Annamária Buda, Abteilungsleiterin Diakonie der Evangelisch-Lutherischen Kirche in Ungarn", erzählt Taegert. „Bei einem Nürnberg-Besuch hatte sie den verstümmelten Ochsen angetroffen und ihn korrekt als ein Ungarisches Steppenrind identifiziert. Sie sorgte für Kompensation aus der Puszta, sodass die bei der Neu-Erschaffung 1951 herbeigezwungene Artenkreuzung behoben werden konnte."

Der steinerne Ochs hat eine wechselvolle Geschichte hinter sich.

Nach wie vor zeichne sich das Tier durch introvertierte Verschlossenheit aus, „eine genetisch bedingte Maulfaulheit, derentwegen es in einem heimischen Mundart-Klassiker auffällig geworden ist", merkt Taegert an und zitiert die Redensart, da er des Nürnbergerischen nicht mächtig ist, in hochdeutscher Entsprechung: „Wenn einer auf eine gescheite Frage eine dumme Antwort gibt, so muss er gewärtig sein, die anzüglichen Worte zu hören: ‚Das hätte mir der Ochse auf der Fleischbrücke auch sagen können.'" Es existiere auch eine abgewandelte Form, die benutzt wird, um jemandem mitzuteilen, dass er unbelehrbar ist: „Das hätte ich genauso gut dem auf der Fleischbrücke erzählen können!"

Als die Steinkreatur nach der Bombenattacke zermalmt am Boden lag, sei sie – so der Bericht eines Zeitzeugen – von Passanten mit dieser verfänglichen Frage konfrontiert worden: „„Armer alter Ochs, glaubst du auch noch an den Endsieg?" Eine Antwort sei ausgeblieben. „Schweigsamkeit kann, wie das Beispiel lehrt, eine weise Tugend sein. Sie ist bei diesem Individuum gepaart mit ausgesprochener Schwerhörigkeit", fährt Taegert fort. Er verweist auf eine Bildpostkarte aus der Zeit um 1900, die mit einer historischen Zeichnung der Straßenpartie zwischen Fleischbrücke und Hauptmarkt bedruckt ist. Darüber steht folgende Erkenntnis: *Hier siehst du einen Ochsen, fürwahr gehaun in Stein, / Der nie in seinem Leben gewesen ein Kälblein klein. / Ob seiner großen Klugheit ist er gar hochgeehrt, / um Mittags steigt er ab zur Erd' – / wenn er das Läuten hört!* Dazu ist es freilich bisher nie gekommen – weil ein steinerner Denkmal-Ochs bekanntlich nicht hören kann.

Eva-Maria Bast

So geht's zum Ochsen:

Er steht direkt neben der Fleischbrücke.

Der untere Teil des Schildes ist nicht beschrieben und das hat einen ganz besonderen Grund.

39

Leeres Schild

Wo Georg Schweigger eigentlich liegen sollte

Stadtheimatpflegerin Dr. Claudia Maué muss auf dem Johannisfriedhof mit dem Finger auf das Epitaph der Kaufmannsfamilie Gutthäter tippen. Nur so kann sie zeigen, was – neben der offenbar sehr kunstvollen Ausführung – so besonders daran ist. Doch selbst bei genauem Hinsehen ist auf dem kleinen Bronzeschild, auf das sie deutet, nichts zu erkennen. Und genau das ist das Geheimnis, von dem sie erzählt. „Hier war einmal der Name eines der bedeutendsten Nürnberger Künstler zu lesen. Denn eigentlich sollte hier zusammen mit den Gutthäters auch Georg Schweigger seine letzte Ruhe finden", erklärt sie. Weil es dazu jedoch nicht kam, wurde der Name wieder entfernt, sodass der Platz heute leer ist.

Die promovierte Kunsthistorikerin kennt sich mit den Epitaphien auf dem weltberühmten Friedhof bestens aus. Und deshalb hat sie sich nicht nur mit dem toten, sondern auch mit dem lebenden

144

Georg Schweigger (1613-1690) viel beschäftigt. Immerhin stammen etliche der berühmten Bronzeepitaphien auf dem Gottesacker von ihm – darunter auch die aufwendige Grabplatte für Andreas Georg Paumgartner, deren Geschichte wir auf Seite 171 erzählen. „Schweigger war Bildhauer, Messing- und Bronzegießer, er gilt als Nürnbergs bedeutendster Bildhauer der Barockzeit", sagt sie. Dass er zu Außergewöhnlichem fähig war, erkannten Auftraggeber aus ganz Mittel- und Nordeuropa schon früh. Nur so ist es zu erklären, dass er bereits im Alter von 20 Jahren das Grabmalmodell für den Schwedenkönig Gustav II. Adolf (1594-1632) anfertigen durfte. Er arbeitete für den schwedischen genauso wie für den Wiener Hof, wo er vor allem für Kaiser Ferdinand III. (1608-1657) tätig war.

Als sein Hauptwerk gilt die einzige Großplastik, die er schuf. Dabei handelt es sich um einen Neptunbrunnen, an dem er ab 1660 arbeitete und der in seiner Heimatstadt auf dem Hauptmarkt aufgestellt werden sollte. Dazu kam es aber nie. Erst mehr als 100 Jahre nach seinem Tod fand das Figurenensemble auf Wunsch von Zar Paul I. (1754-1801) 1797 seinen Weg an die Öffentlichkeit – nicht in der Noris, sondern in St. Petersburg. An die Pegnitz kehrte das Original seither nicht mehr zurück. Aber dank eines Gipsabdrucks konnte ein Zweitguss angefertigt werden, der dann doch noch auf dem Hauptmarkt aufgestellt wurde – zumindest so lange, bis er erst auf den Willy-Brandt-Platz und dann in den Stadtpark umziehen musste.

Für die Brunnenfigur des Neptun stand Schweigger ein junger Mann Modell, der bei seinem Freund Hieronymus Gutthäter wohnte. „Die beiden kannten sich wohl sehr gut und ihre Freundschaft ging so weit, das sich der Kaufmann anscheinend auch nach seinem Tod die Nähe zu dem berühmten Bildhauer wünschte", sagt Claudia Maué. Einer ausführlichen Friedhofsbeschreibung aus dem Jahr 1682 ist zu entnehmen, dass auf dem Schild, das heute leer ist, einst zu lesen stand: „Sein Freund Georg Schweigger". Dieser war offenbar auf ein derartiges Angebot durchaus angewiesen. „Sein Großvater, der ein bekannter Theologe war und als Erster den Koran übersetzte, liegt auf dem Rochusfriedhof begraben. Und dort sollte eigentlich auch Georg Schweigger beerdigt werden. Aber anscheinend hatte er sich mit seiner Verwandtschaft verkracht, auf jeden Fall kam das wohl nicht in frage."

Bis zu seinem Tod am 13. Juni 1690 blieb Georg Schweigger überzeugter Junggeselle und starb kinderlos. Anders als sein Freund Hieronymus Gutthäter es sich gewünscht hatte, wurde er danach aber nicht in dessen Grab beigesetzt. Warum er doch nicht in dem von ihm selbst gestalteten Grab mit dem Gutthäter'schen Wappenschild, der Helmzier, den Akanthusranken und der fantasievoll gestalteten Inschrifttafel liegen sollte, ist nicht überliefert. Doch es sind nur ein paar wenige Schritte bis zur letzten Ruhestätte des Künstlers. „Sein Schüler und Mitarbeiter Jeremias Eißler, der nach seinem Tod die Werkstatt übernahm, erbarmte sich und ließ ihn in seinem Familiengrab beisetzen. Er ließ ihn auf dem Epitaph sogar als Ersten nennen", beschreibt die Stadtheimatpflegerin den letzten Dienst Eißlers an seinem ehemaligen Chef.

Georg Schweiggers und Jeremias Eißlers beeder Bildhaueres. Dann auch Margaretha Regenfüßin erstgedachten Eißlers Ehewirtin und derer Leibs Erben Begräbnüs. 1702 steht noch heute in Bronze gegossen dort zu lesen.

„Schweigger hat also schlussendlich doch noch ein Grab bekommen. Aber obwohl er so viele wunderschöne Epitaphien gestaltet hat, hat er es doch nicht zu einem eigenen gebracht", fasst Claudia Maué die Geschichte zusammen.

Heike Thissen

So geht's zum leeren Schild:

Das Grabmal von Hieronymus Gutthäter befindet sich auf dem Johannisfriedhof (Johannisstraße) in unmittelbarer Nähe zum Steinschreiberhaus in der Gruft B5b/6a.

Die Chörlein sind weit mehr als ein hübscher Fassadenschmuck.

40

Chörlein

Nürnberger Wohnzimmervergrößerung

„Die Chörlein haben etwas mit einer ganz ursprünglichen Eigenschaft des Menschen zu tun: mit der Neugier", meint Karl-Heinz Enderle, Vorsitzender des Vereins der Altstadtfreunde, und schmunzelt. Er spricht von den eigenartigen Erkern, die an verschiedenen Fassaden in der Innenstadt zu sehen sind und deren Sinn sich nicht so recht erschließen will. Dabei ermöglichen sie dem Bewohner einen ausgiebigen Blick in die Umgebung. Denn die Chörlein haben nicht nur an der Front, sondern auch an den beiden Seiten Fenster. Wer läuft draußen vorbei? Wer klingelt beim Nachbarn? Fängt es an zu regnen? Der Beobachter hat alles im Blick, und zwar ganz genau.

Vor der Zerstörung im Zweiten Weltkrieg gab es in der Nürnberger Altstadt unzählige derartige Erker, überwiegend aus der Zeit des Barocks und des Rokoko. Doch die meisten sind beim großen

Bombenangriff am 2. Januar 1945 verbrannt oder in Schutt und Asche zerfallen – wie eben 90 Prozent aller Wohnhäuser innerhalb der Altstadt.

Die „Altstadtfreunde", eine tatkräftige, aktive Bürgerinitiative mit 5.500 Mitgliedern, hat es sich zur Aufgabe gemacht, die verbliebenen mittelalterlichen Reste Nürnbergs zu erhalten und fachgerecht zu restaurieren. Und der Verein ergänzt mitunter, was verschwunden ist. Wie zum Beispiel die Chörlein in der Füll. Dort sind fünf dieser holzgefertigten Anbauten zu sehen: Nur eines ist original, vier kriegsbeschädigte Chörlein haben die Altstadtfreunde auf eigene Kosten reparieren, ergänzen und befestigen lassen. Die Vorbauten an manchen Altstadt-Häusern sind komplett neu gezimmert.

Und ein Chörlein liegt seit Jahren sogar im Lager, sozusagen auf Vorrat: Denn der Eigentümer eines Hauses direkt am Hauptmarkt, den die Altstadtfreunde mit der sorgfältig angefertigten Holzkonstruktion erfreuen wollten, lehnte entschieden ab. „Die Stadt ist, wie sie ist, wir wollen das nicht", teilte er dem Verein mit, der den Bauauftrag zu voreilig vergeben hatte. „Die Hausbesitzer machten unmissverständlich deutlich, dass man sie in Ruhe lassen solle", erinnert sich Enderle ein wenig enttäuscht.

Beim Bau der Chörlein spielte neben der menschlichen Neugier auch das Repräsentationsbedürfnis eine große Rolle. Strenge Bauordnungen hatten es den Nürnbergern vergangener Jahrhunderte verboten, ihren Reichtum aufwendig und protzig am Gebäude zur Schau zu stellen. Manche halten dies für einen Ausdruck von „fränkischem Understatement und protestantischer Nüchternheit": Man war reich, wollte dies aber nicht zeigen, so ihre Vermutung.

Der pensionierte Lehrer und Altstadtfreunde-Chef Enderle hält diese Erklärung für „Unsinn". Er meint vielmehr, dass die politisch tonangebenden Patrizier die strengen Gesetze zur Hausgestaltung erlassen hatten, um Neureiche auszubremsen. „Die Patrizier selbst konnten finanziell nicht mehr mithalten, also wollten sie sich die Emporkömmlinge mit diesem Mittel vom Leib halten", meint Enderle. Die Verzierung eines Chörleins sollte schon das Maximum an gestalterischem Zugeständnis sein.

Das Prunkvollste – es ist gleichzeitig das Nürnberger Urchörlein – ist der steinerne Vorbau am Sebalder Pfarrhof, von der „Chörlein-Promenade" in der Füll nur wenige Meter entfernt. Hier wird die eigentliche Bestimmung des Vorbaus deutlich: Im Namen steckt ja das Wort Chor, das ist der in christlichen Kirchen bedeutsame, meist im Osten gelegene Gebäudeteil. Das Sebalder Chörlein sollte ein Ort des Gebets sein, hier hatte der Hausbewohner seinen „Andachtswinkel". Folgerichtig ist dieses Exemplar – es handelt sich um eine Kopie, dafür mit original mittelalterlichen Glasscheiben – auch nach Osten ausgerichtet. Denn die Ostung der Kirchen hat einen religiösen Hintergrund: „Ex oriente lux" heißt es auf Lateinisch in den Schriften, also: „Aus dem Osten kommt das Licht", sprich: Jesus Christus, am Ende der Zeiten.

Dies ist also der eigentliche Hintergrund für den Bau der Chörlein: Man sollte sich ständig an die Wiederkehr Christi erinnern. Doch so lange der Jüngste Tag noch nicht anbricht und der Herrscher des Universums nicht zu sehen ist, können die Nürnberger in ihren Chörlein weiter neugierig schauen, wer aus der Nachbarschaft gerade vorbeispaziert.

Hartmut Voigt

So geht's zu den Chörlein:

Grundsätzlich kann man in vielen Altstadt-Gässchen Chörlein entdecken. Fünf auf einen Streich findet man in der Füll: Vom Schönen Brunnen am Hauptmarkt geht man zur Sebalduskirche. Auf dem Sebalder Platz sieht man das steinere Urchörlein am Pfarrhof, rechts davon geht es in die Füll.

41

Maria-Merian-Haus
Eine Frau mit besonderen Fähigkeiten

Nürnberg-Expertin Gabriele Stauß könnte viele Geschichten von starken und außergewöhnlichen Frauen aus ihrer Heimatstadt erzählen. Doch eine hat es ihr ganz besonders angetan: die von Maria Sibylla Merian (1647-1717). „Ich habe mich ausführlich mit ihrem Leben und ihrem Werk beschäftigt und staune immer wieder über diese einzigartige Person", sagt sie bewundernd. Deshalb legt die Gästeführerin so gern an dem hübschen Fachwerkhaus in der Burgstraße 10 eine kurze Pause ein. Denn hier lebte Maria Merian in den elf Jahren, die sie zwischen 1670 und 1681 in der Noris verbrachte.

„Sie hatte mit Sicherheit keine leichte Kindheit. Denn als sie 1647 in Frankfurt geboren wurde, lag der Dreißigjährige Krieg in seinen letzten Zügen", beginnt Gabriele Stauß zu erzählen. Viele Städte waren zerstört, das Land verwüstet, und noch immer zogen marodierende Banden umher und verbreiteten Angst und Schrecken. Trotzdem war Maria Sibylla Merian das Glück hold, denn sie wurde in eine wohlhabende Handwerker-Dynastie hineingeboren. „Ihr Vater war der Kupferstecher und Verleger Matthäus Merian, der noch heute für seine Topografien berühmt ist. Dank ihm haben wir mehr als 300 Jahre später wirklichkeitsnahe Wiedergaben von Städten und Landschaften", sagt die Gästeführerin. Zwar starb er, als Maria gerade einmal drei Jahre alt war, doch sein Talent hatte er an sie weitergegeben. Das entdeckte in den folgenden Jahren auch ihr Stiefvater, der Blumenmaler Jacob Marrell (1614-1681). Von ihm lernte sie alles, was sie über die Kunst wissen musste. Doch eines unterschied die beiden: Während Marrell sich auf Pflanzen spezialisierte, hatten es der jungen Künstlerin eher die Insekten, Spinnen und Würmer angetan. Und das war für die damalige Zeit außergewöhnlich. Stauß erklärt, warum: „Die Leute sprachen von *Teufelsgetier* und fanden es abstoßend, dass sich ein junges Mädchen so

Gabriele Stauß ist nicht nur von der Person der Maria Sibylla Merian fasziniert, sondern auch von ihren Werken.

151

intensiv damit beschäftigte. Aber sie ließ sich in ihrem Forschungsdrang nicht beirren."

So entdeckte Maria Sibylla schon mit 13 Jahren etwas, das für sie und ihre Umwelt nicht weniger als ein richtiges Wunder war: Sie beobachtete als Erste, wie sich eine Seidenraupe in einen Schmetterling verwandelt. Diese Metamorphose hielt sie gekonnt in Kupferstichen fest, die heute als Beginn der Insektenforschung gelten. „Dafür entwickelte sie schon als Jugendliche ihre eigene Technik: Sie stach erst die Linien in die Kupferplatten, bestrich sie anschließend mit schwarzer Farbe und legte Papier darauf, das nicht so gut saugte. Dadurch blieb auf diesem Bogen die aufgenommene Farbe stehen. Darauf legte sie dann ein Papier, das sehr gut saugte. So konnte sie Striche herstellen, die so fein waren, als wären sie gezeichnet", erklärt Gabriele Stauß anschaulich Maria Sibylla Merians Technik. Auf diese Weise erstellte sie nicht nur hervorragend komponierte, sondern auch wissenschaftlich exakte Kupferstiche, die die Tiere auf den Pflanzen zeigten, auf denen sie lebten – das war außergewöhnlich für die damalige Zeit.

Dass sie zwischen 1668 und 1682 in Nürnberg in der heutigen Burgstraße wohnte, verdankte sie ihrer Ehe mit Johannes Andreas Graff (1636-1707), dem Meisterschüler ihres Stiefvaters. Anfangs unterstützte er sie in ihrer Begeisterung und editierte ihre Werke. Für einen Mann des 17. Jahrhunderts hatte er es bestimmt nicht leicht mit einer umtriebigen Frau wie Maria Sibylla Merian an seiner Seite. Sie bemalte kostbare Stoffe mit Blumenmotiven, unterrichtete junge Nürnbergerinnen im Malen und Sticken und entwickelte ihre eigenen Pflanzenfarben, die sie anschließend verkaufte. Jede freie Minute widmete sie den Krabbel- und Kriechtieren, die sie in Kistchen, Dosen und Schachteln sammelte. Je mehr Selbstbewusstsein sie daraus zog und je größer ihre finanzielle Unabhängigkeit wurde, umso schlechter lief es in der Ehe. „Er hat sich wohl auch nicht viel um sie und die beiden gemeinsamen Töchter gekümmert", hat Gabriele Stauß bei ihren Recherchen herausgefunden. Das konnte mit einer so selbstbewussten und eigenständigen Frau nicht auf Dauer gut gehen. „Sie empfand ihre Ehe zunehmend als lästig. Deshalb trennte sie sich 1685 von Johannes Graff. Damit brach sie mit sämtlichen Konventionen." Doch die passionierte Naturforscherin konnte sich ein Leben ohne Mann zunächst leisten, zog mit ihren Töchtern aus Nürnberg weg und landete nach mehreren Jahren in der weltoffenen Metropole Amsterdam.

„Dabei hatte sie vor allem eines im Sinn: Sie wollte sich das Geld zusammensparen, das sie für eine Forschungsreise nach Südamerika brauchte", erklärt Gabriele Stauß die Hintergründe. Als es 1699 so weit war, ging die 52-Jährige mit ihrer jüngeren Tochter an Bord und segelte drei Monate lang als Passagierin eines Handelsschiffs über den Atlantik, bevor sie in Paramaribo, der Hauptstadt von Surinam nördlich von Brasilien, ankam. Beide Frauen sammelten eifrig Käfer, Raupen, Schmetterlinge und Pflanzen, um sie auf Pergament für die Nachwelt festzuhalten. Sie präparierten Frösche, Spinnen und Krokodile, indem sie sie in Alkohol einlegten. Der Aufenthalt am anderen Ende der Welt dauerte zwei Jahre: Weil Maria Sibylla Merian an Malaria erkrankte, musste sie ihre Forschungen abbrechen und nach Amsterdam zurückkehren.

Mit der finanziellen Unabhängigkeit war es danach vorbei. Zwar brachte sie ihr Meisterwerk *Metamorphosis Insectorum Surinamensium* mit kunstvoll kolorierten Kupferstichen und erläuternden Texten zu Ende, das 1705 ihren weltweiten Ruhm begründete. Doch das bedeutete auch ihren finanziellen Ruin: Die Herstellung war teuer, Abnehmer fanden sich nur wenige. Zwölf Jahre später starb sie verarmt als Almosenfrau. Dass ihr Konterfei und ihre Zeichnungen jahrzehntelang den 500-DM-Schein zierten, erscheint vor diesem Hintergrund fast wie eine Ironie des Schicksals.

Heike Thissen

So geht's zum Maria-Merian-Haus:

Das Fachwerkhaus, in dem Maria Sibylla Merian während ihrer Nürnberger Jahre wohnte, steht in der Burgstraße 10.

Jonathan Kielkowski hat das Bodengitter hinter dem Gitterzaun entdeckt.

42

Gitter

Der letzte Widerstand der Nazis

Jonathan Kielkowski bleibt urplötzlich stehen und deutet auf ein Gitter hinter einem hohen – ebenfalls gitterartigen – Eisenzaun. „Man würde doch wirklich nicht denken, dass sich dahinter ein Geheimnis verbirgt", sagt der junge Mann. Wo er recht hat, hat er recht. Das Gitter ist so unspektakulär, dass man es hinter dem großen Zaun kaum bemerkt. Jonathan Kielkowski hat es auch nur entdeckt, weil er eine Bachelor-Arbeit über Nürnbergs Bunkeranlagen geschrieben und dabei herausgefunden hat: „Das Gitter verschließt den Zugang zu einem Schacht – und der führt wiederum in eine unterirdische Bunkeranlage. Und zwar in eine ganz besondere: den Palmenhofbunker." Dabei handelt es sich um einen ehemaligen Bierkeller nahe dem Polizeipräsidium am Jakobsplatz. „Da in Nazizeiten in großen Städten der Polizeipräsident auch immer der Oberste Befehlshaber für den Luftschutz war, wurde der Bunker von der Polizei als Zentrale für den Luftschutz in Nürnberg ausgebaut", erzählt er. Besonders am Ende des Zweiten Weltkriegs – am 20. April 1945 – erlangte der Bunker Bekanntheit. „Damals verschanzten sich dort neben anderen fanatischen Kämpfern Oberbürgermeister Dr. Liebel und der Gauleiter von Franken, Karl Holz, um, bis zum letzten Blutstropfen, die Stadt der Reichsparteitage zu verteidigen", berichtet der Nürnberger. Dabei kamen beide ums Leben.

Um zu verstehen, wie es zu diesem Showdown kam, muss man einen Blick in die Vorgeschichte werfen. Nürnberg stand als „Stadt der Reichsparteitage" besonders im Visier der Alliierten – und deshalb wurde auch viel darangesetzt, die Stadt zum Ende des Krieges einzunehmen. Zu diesem Zeitpunkt lag Nürnberg bereits am Boden: Zahlreiche Luftangriffe hatten die Stadt in die Knie gezwungen, nach dem letzten am 11. April 1945 stand buchstäblich kein Stein mehr auf dem anderen. Fünf Tage nach diesem letzten Luftangriff, am 16. April 1945, rückten die Amerikaner vor. Gauleiter Karl Holz (1895-1945) schritt zur Tat: Er wollte den Nero-Befehl, den Adolf Hitler erlassen hatte, umsetzen. Der Reichskanzler hatte angeordnet, die komplette Infrastruktur einer Stadt solle dem Erdboden gleich gemacht werden, wenn die Alliierten vorrückten – damit dem „Feind" so wenig Wert wie möglich in die Hände fiele. Doch der Sender Nürnberg, der die Ausführung des Nero-Befehls hätte verbreiten sollen, hielt ihn zurück. Holz, in dem Glauben, die Nachricht sei gesendet worden, ließ 1,75 Millionen Kilogramm gefrorenes Fleisch und 670.000 Kilogramm Butter an die Bevölkerung ausgeben – diese Lebensmittel sollten die Amerikaner keinesfalls bekommen. Die Skurrilität des Krieges: Endlich konnten sich die Nürnberger satt essen, während die Amerikaner mit Panzern und schwerem Geschütz auf die Stadt zuhielten. Dabei standen in der Noris selbst nur rund 12.000 Männer, darunter auch Jugendliche, zur Verteidigung bereit – über schwere Artillerie oder Panzer verfügte die Stadt nicht.

Am 16. April erreichten die ersten Panzer Nürnberg, das Feuer wurde tags darauf eröffnet. Die Amerikaner hatten Oberbürgermeister Willy Liebel (1895-1945), einen strammen Nazi, zuvor erfolglos aufgefordert, die Stadt zu übergeben. Immer weiter drangen sie vor und standen am Abend des 18. April einen Kilometer vor dem Altstadtring. Nun kommt der Palmenhofbunker ins Spiel, in den Gauleiter Holz, Oberbürgermeister Liebel und Oberst Richard Wolf flohen.

In ebenjenem ereignete sich am frühen Morgen des 20. April – um halb eins – jener von Kielkowski angesprochene Showdown: Oberbürgermeister Liebel nahm sich das Leben, anderen Quellen zufolge wurde er von Holz erschossen. Am Morgen des 20. April beendeten die Amerikaner ihren Artilleriebeschuss, nun befahl auch Holz, das Feuer zu beenden. Die Stadt übergeben wollte er jedoch nicht – er stellte den einzelnen Truppen ihr Handeln frei. Und deshalb kam es im Palmenhofbunker noch zu heftigen Kampfhandlungen, während denen auch Holz in dieser letzten Bastion der fünftägigen Schlacht zu Tode kam – ob durch Suizid oder durch Kämpfe, ist nicht geklärt. Die Bayerische Landesbibliothek vermerkt, er sei „während der Verteidigung Nürnbergs bei den Kämpfen um die Ruinen des Nürnberger Polizeipräsidiums umgekommen (20. 04. 1945)".

Kielkowski bilanziert: „Holz und Liebel, die beiden Männer, die zu einem großen Teil verantwortlich waren für das, was in jenen Tagen in Nürnberg geschah, mussten also mit ihrem Leben bezahlen – ebenso wie 899 andere Menschen, die die fünftägige Schlacht um Nürnberg das Leben kostete – darunter viele Unschuldige."

Eva-Maria Bast

....

So geht's zum Gitter:

Es befindet sich schräg gegenüber von Turm Z, Spittlertormauer 13, hinter einer Gartentür in der Feuerwehrzufahrt.

Ein muskelbepackter Triton bläst auf dem Maxplatz in seine steinerne Muschel. Warum nur sind überall in der Stadt Götter wie er zu finden?

Tritonbrunnen

43

Griechische und römische Götter überall

Wer wie Gabriele Stauß aufmerksamen Blickes durch Nürnberg geht, dem werden die vielen Statuen auffallen, die römische und griechische Götter darstellen: Glücksgöttin Fortuna, Götterbote Merkur und Justitia, die Göttin der Gerechtigkeit, sind nur drei von vielen. Doch was haben all diese Damen und Herren aus der antiken Mythologie an der Pegnitz zu suchen? Die Nürnbergerin weiß es und beantwortet die Frage anhand einer Statue, die es ihr besonders angetan hat – es ist der Triton auf dem Maxplatz in der Sebalder Altstadt.

„Wenn wir uns Nürnberg auf einer Landkarte ansehen, sehen wir ganz deutlich, dass es nördlich von Weißenburg und Gunzenhausen liegt", beginnt Gabriele Stauß zu erzählen. „Das ist wichtig. Denn diese beiden Städte befanden sich am Limes." Der Grenzwall, mit dem die Römer vom 1. bis zum 6. Jahrhundert ein militärisches System zur Grenzsicherung errichteten, verlief auch durch das heutige Bayern. Hier trennte es das Römische Reich von Germanien. Fast 160 Kilometer lang war der Limes zwischen Aschaffenburg in Unterfranken und Eining bei Regensburg, womit Nürnberg rund 50 Kilometer Luftlinie von dem Wall entfernt lag. Für Gabriele Stauß ist das eine bedeutende Information. „Das heißt, dass die Römer nicht hier in der Stadt waren", folgert sie. Die Statuen können also nicht auf eine römische Herkunft verweisen. Tatsächlich erinnern sie an eine Ära, die wesentlich weniger weit zurückliegt.

„1525 wurde Nürnberg protestantisch. In den darauffolgenden Jahrzehnten und Jahrhunderten besann man sich in der Stadt auf den Humanismus. Damit ging einher, dass die Menschen ein Interesse für griechische und römische Mythologie entwickelten. Und das wiederum schlug sich in vielen Statuen nieder", erklärt die Gästeführerin. Der muskelbepackte Triton, der sich auf dem Brunnensockel kniend gen Himmel reckt und in eine Muschel bläst, wurde 1687 vermutlich von Johann Leonhard Bromig dem Älteren geschaffen. Während seiner Arbeiten errang Kaiser Leopold I. (1658-1705) den entscheidenden Sieg in den Türkenkriegen nahe des heutigen Siklós. Deshalb ließ der Rat der Stadt Nürnberg am Tag nach der daraus resultierenden Krönung seines Sohnes Joseph (1678-1711) zum ungarischen König den Triton am 17. November 1687 das erste Mal Wasser aus der Muschel pusten. Ganze vier Meter hoch soll die Fontäne gespritzt haben. Das brachte dem steinernen Muskelprotz den Namen „Wasserspeier" ein.

„Vorbild für den Brunnen war die Fontana del Tritone auf der Piazza Barberini in Rom", erklärt die Gästeführerin. Diesen hatte Giovanni Lorenzo Bernini (1598-1680) in den Jahren 1642 und 1643 errichtet, er stand also bereits seit mehr als 40 Jahren an Ort und Stelle, bevor sich Triton auch in Nürnberg aus dem Wasser erhob. Dank eines Kupferstichs, der 1685 in Nürnberg nachgedruckt wurde, wusste Bromig vermutlich, wie der Brunnen in Italien aussah. Da, wo das Abbild nicht deutlich erkennbar war, interpretierte er die Körperpartien nach seiner eigenen Vorstellung, sodass beide Brunnen schlussendlich doch deutlich voneinander zu unterscheiden sind. Allerdings gab es für den Nürnberger Triton und seine Götter-Kollegen nicht nur ein steinernes Vorbild, sondern auch ein literarisches: die *Metamorphosen* des römischen Dichters Ovid (43 v. -17 n. Chr.). In seinem mythologischen Werk erzählt er etwa 250 Verwandlungsgeschichten, darunter auch die von Triton, dem muschelblasenden Gott. Wie er die Fluten mit dem gewaltigen Signal seines Instruments beherrscht, beschreibt Ovid im ersten Teil seines Werkes in *Deucalion und Pyrrha* in mehreren Versen: *„Jener ergreift das Horn mit der hohlen Schneckenspirale, die vom untersten Wirbel in wachsender Windung sich weitet [...]. Auch nun, als es den Mund des Gottes berührt, der vom triefenden Barte noch feucht ist, und mit anschwellendem Ton zum gebotenen Rückzug bläst, wird es von allen den Wassern des Landes und Meeres vernommen, und alle Wasser, die es vernehmen, bringt es zum Gehorsam."*

Gabriele Stauß mag den Tritonbrunnen, der hinter ihr steht, sehr.

Wenn der Nürnberger Künstler diese Textpassage im Kopf hatte, als er den Triton schuf, hat er sie hervorragend umgesetzt. Und nicht nur das ist ihm gelungen. Obendrein hat er einen wunderschönen Männerkörper geschaffen, der so mancher Hausfrau aus der Sebalder Altstadt mit seinem Anblick das Wäschewaschen zu seinen Füßen versüßt haben dürfte.

Der Triton mag nur eine von vielen griechischen und römischen Götterstatuen aus den Jahren nach der Reformation sein. Aber er ist eine ganz besonders gelungene. Das findet auch Gabriele Stauß: jedes Mal, wenn sie an ihm vorbeikommt.

Heike Thissen

So geht's zum Tritonbrunnen:

Der Brunnen mit der Tritonstatue steht am Maxplatz.

44

Granitplatten
Das Kreuz mit dem Kreuzweg

Zehntausende von Passanten laufen täglich an der Lorenzkirche vorbei in die Fußgängerzone oder hinab zum Hauptmarkt. Eine sehr belebte Strecke also. Und trotzdem fallen die 14 großen Granitplatten an der Nordseite des evangelischen Gotteshauses nur wenigen auf. Was fatal ist: Die dazugehörige Infotafel verbreitet laut Historikern einen Irrtum, den man längst korrigieren müsste.

Nürnberg und der Nationalsozialismus – da gibt es sehr viele Verknüpfungen: zum Beispiel das einstige riesige Reichsparteitagsgelände am Dutzendteich, den berüchtigten „Frankenführer" Julius Streicher (1885-1946), der hier die Hetzschrift *Der Stürmer* herausgab, oder auch die furchtbaren „Nürnberger Gesetze", welche die jüdischen Mitbürger de facto entrechtet haben. Grund genug, sich der schrecklichen Vergangenheit zu stellen.

Das wollte auch der österreichische Bildhauer Karl Prantl (1923-2010), der die Steinskulptur „Nürnberger Kreuzweg" geschaffen hat. Er nutzte dazu 14 originale Granitplatten im Format 120 mal 120 mal 10 Zentimeter, die von der „Großen Straße" des einstigen Reichsparteitagsgeländes stammen. Auf jener heute noch existierenden Fahrbahn hinter dem Volksfestplatz fanden einst Aufmärsche statt: Mit Blick auf die entfernt liegende Kaiserburg exerzierten Nationalsozialisten im Gleichschritt. Sie wollten eine Linie vom Kaisertum des mittelalterlichen Heiligen Römischen Reiches Deutscher Nation zu ihrem „Führer" Adolf Hitler und seiner Bewegung ziehen – und sich so noch stärker legitimieren.

Diese Linie in Süd-Nord-Richtung durchkreuzt Karl Prantl mit seinem Kunstwerk: Die Original-Platten liegen darin in West-Ost-Richtung und bilden somit tatsächlich ein gedachtes Kreuz. Kreuzwege in römisch-katholischen Kirchen dienen als Andachtsübung, bei der Gläubige an die Geschehnisse von der Verurteilung Jesu

Die evangelische Pfarrerin Susanne Bammessel findet es wichtig, dass es im Herzen Nürnbergs einen Erinnerungsort für die Opfer des nationalsozialistischen Terrorregimes gibt.

durch Pontius Pilatus bis hin zum Tod Christi gedenken. Sie haben üblicherweise 14 Stationen, wie auch das Bodendenkmal neben St. Lorenz. Hier soll nicht an die Leiden Christi, sondern an die Leiden der Opfer des Nationalsozialismus erinnert werden.

Dass Kinder von Platte zu Platte hüpfen und auch Erwachsene mit langen Schritten spielerisch darüberlaufen, das stört die Lorenzer Pfarrerin Susanne Bammessel nicht: „Auch so ein Umgang mit dem Denkmal regt schließlich Gedanken an, es ist auch eine Form der Auseinandersetzung." Sie findet den zentral gelegenen „Denkmal-Ort" wichtig. Denn direkt daneben – allerdings in 56 Metern Höhe auf dem Nordturm der evangelischen Lorenzkirche – können Besucher das NS-Reichsparteitagsgelände auf der einen Seite und die Burg auf der anderen Seite sehen.

Woran sich die Pfarrerin stößt, ist Prantls Begleittext zu den 14 Granitplatten, der ebenfalls als Steintafel in das Kopfsteinpflaster eingelassen ist. Dort steht: *Und auch Steine leben. Sie sind Gebeine der Mutter Erde. Missbrauch von Steinen ist wie Missbrauch am Menschen. Die vierzehn Steinplatten stammen von der Großen Straße des nationalsozialistischen Reichsparteitagsgeländes. Sie wurden Stück für Stück von Zwangsarbeitern und Gefangenen in Konzentrationslagern bearbeitet. Jeder Stein ist Fingerabdruck eines missbrauchten und geschundenen Menschen. Karl Prantl 1991, Nürnberger Kreuzweg.*

In der Tat erheben zwei renommierte Historiker schwere Vorwürfe: Die Behauptung, dass Zwangsarbeiter und KZ-Häftlinge am Bau der Großen Straße beteiligt waren, sei „nachweislich falsch", weil die Fahrbahn lange vor dem Einsatz von Zwangsarbeitern fertig gewesen sei, unterstrich Historiker Eckart Dietzfelbinger 2004: „Mithin ist Prantls Kreuzweg nichts als sentimentaler KZ-Kitsch, der eine gutwillige Öffentlichkeit narrt." Dietzfelbinger, der bis zu seinem Ruhestand im Nürnberger Dokumentationszentrum Reichsparteitagsgelände gearbeitet hat, weist darauf hin, dass sich bereits 1937 310 deutsche Firmen zur „Arbeitsgemeinschaft Naturstein" zusammengeschlossen hatten, um das notwendige Steinmaterial für die monumentalen NS-Vorhaben am Dutzendteich zu liefern.

Wissenschaftler Alexander Schmidt vom Nürnberger Dokumentationszentrum bekräftigte 2005 die Kritik seines Kollegen, indem er auf Unterlagen des Nürnberger Stadtarchivs verwies. Aus den Dokumenten gehe hervor, dass die Granitlieferungen für die Große Straße vollständig durch konventionelle Steinbruchbetriebe erfolgt sind: „Kein Stein der Kongresshalle und kein Stein der Großen Straße wurde nachweislich von KZ-Häftlingen gebrochen." Sein Resümee: „Der ‚Nürnberger Kreuzweg' an der Lorenzkirche mit seiner historisch vollständig falschen Inschrift stellt ein Beispiel dafür dar, wie eine in diesem Fall christlich aufgeladene künstlerische Denkmalsgestaltung Betroffenheit einfordert, die nicht eingefordert werden darf."

Für die evangelische Pfarrerin Bammessel ist klar, dass man nach diesen neueren Forschungen „unbedingt noch einmal an den erklärenden Text ran muss". Entweder ergänze man die vorhandene Platte durch eine erläuternde Tafel oder man fasse die Inschrift neu. „Wenn ich im Stadtrat wäre, hätte ich schon längst den Antrag gestellt. Unkommentiert kann man dies nicht lassen." Zu der Grundidee allerdings, im Herzen Nürnbergs an die Opfer des NS-Terrorregimes zu erinnern, dazu steht Bammessel selbstverständlich.

Hartmut Voigt

....

So geht's zu den Granitplatten:

Der Kreuzweg mit den Granitplatten befindet sich auf der Nordseite der Lorenzkirche.

45

Amphitheater

Erinnerung an das Poetenwäldchen

Es gehört ein bisschen Fantasie dazu, in den im Halbrund angeordneten Steinbrocken ein Amphitheater zu erkennen. In den Pegnitzauen unterhalb des Westbads dienen die seit dem Jahr 2000 stufenweise aufsteigenenden Felsblöcke zwar sehr wohl als Sitzgelegenheiten. Aber anders als beim römischen Vorbild sind hier keine Aufführungen zu sehen. „Das bedauere ich sehr", sagt Prof. Dr. Werner Kügel, Vorsitzender des Pegnesischen Blumenordens. Ursprünglich war durchaus angedacht, an diesem für seine literarische Gesellschaft so wichtigen Ort Veranstaltungen abzuhalten. Denn hier befand sich einst der Versammlungsort der ältesten noch bestehenden Dichtervereinigung – das Poetenwäldchen.

Der Pegnesische Blumenorden bezieht seinen Namen aus dem latinisierten Namen der Pegnitz. Die Bezeichnung „Blumenorden" geht auf die Gründungslegende zurück, erklärt der Philologe: „Vor einer Hochzeit im Jahr 1644 trafen der Barockdichter Georg Philipp Harsdörffer und der junge Poet Johannes Klaj aufeinander. Beide hatten zur Unterhaltung der Gesellschaft ein sogenanntes Schäfergedicht beizutragen." Diese Form der Dichtung schilderte in Abgrenzung zu städtischer Verderbtheit das Landleben in Unschuld und Naivität und beschrieb eine schon damals längt vergangene Welt. Auf der Hochzeit winkte dem Vortragenden mit dem besseren Werk ein Lorbeerkranz, der mit Blumen durchflochten war. „Weil beide aber gleich gut waren, entschieden sie sich, jeweils nur eine einzelne Blume auszuwählen. Den Kranz wollten sie dafür verwenden, einen Hirtenorden zu krönen, den sie auch gleich an Ort und Stelle gründeten", erzählt Kügel die gut erfundene Geschichte zu Ende. Harsdörffer (1607-1658) entschied sich für eine Maiblume, Klaj (1616-1656) für Klee. So entstand der „Gekrönte Blumenorden", den sie auch die „Gesellschaft der Blumenhirten" nannten. Seine

Prof. Dr. Werner Kügel sitzt mit seiner Lektüre Die betrübte Pegnesis *in dem kleinen Amphitheater in den Pegnitzauen.*

Mitglieder durften sich – wie zuvor die beiden Gründer – eine Blume aus dem Kranz auswählen und sich nach ihr benennen. Zuerst aber musste jeder sich verpflichten, „daß er fortan unsrer Mutter-Zung mit nützlicher Ausübung reinen und ziersteigenden Reimgedichten und klugen Erfindungen emsig wolle bedient seyn und bemühet in Beförderung ihres Aufnehmens". Will heißen: Die Vereinsmitglieder verschrieben sich der Pflege der deutschen Sprache und Dichtkunst. Das war die Geburtsstunde des ältesten ununterbrochen bestehenden Literaturvereins in Deutschland.

Harsdörffer, Klaj und der Rest der „Pegnitzschäfer" trafen sich in den Anfangsjahren unweit des heutigen Amphitheaters. „Von der Pegnitz, die damals noch etwas anders lief, führte ein Stichkanal hierher und bildete einen Weiher. Darin lag ein Inselchen mit einem Weiherhäuschen, das aber zu Zeiten der Vereinsgründung bereits verfallen gewesen sein dürfte", beschreibt Kügel den Ort von damals, „das muss sehr malerisch und romantisch ausgesehen haben." Dieser Meinung waren nicht nur die Poeten, sondern auch der Renaissance-Maler Albrecht Dürer (1471-1528). Er hatte die Szenerie schon am Ende des 15. Jahrhunderts mit Wasser- und Deckfarben auf Papier festgehalten und dem Werk den Namen *Weiherhäuschen an der Pegnitz bei St. Johannis* gegeben. Kein Wunder also, dass sich die Mitglieder des Blumenordens hier trafen, spazieren gingen und die Natur auf sich wirken ließen. Dabei trugen sie sich gegenseitig ihre Gedichte und Übersetzungen vor und führten tiefsinnige Gespräche. „Die Mitglieder probierten dabei alles aus, was damals in der deutschen Sprache möglich war", beschreibt der Sprachwissenschaftler. Da lag es für die Nürnberger nahe, dem Gelände den Namen „Poetenwäldchen" zu geben.

„Doch dem Besitzer waren diese Treffen anscheinend ein Dorn im Auge. Auf jeden Fall zog er um das Jahr 1670 einen Zaun hoch, sodass die Mitglieder des Blumenordens das Wäldchen nicht mehr betreten konnten", sagt Kügel zum Ende des beliebten Versammlungsorts. Für den Blumenorden stellte diese Absperrung ein großes Problem dar. „Das waren ja Poeten, die der Natur Töne ablauschen wollten. Sie waren darauf angewiesen, einen Treffpunkt im Freien zu haben", erklärt Kügel. Abhilfe schuf der Pfarrer des heutigen Stadtteils Kraftshof, Martin Limburger (1637-1692). Er stellte 1676 außerhalb des Ortes ein Gelände für den Orden zur Verfügung, auf dem die Mitglieder sich ungestört versammeln konnten. Eine Stunde Fußmarsch nahmen sie dafür in Kauf, in den sogenannten Irrhain (siehe Geheimnis 27) zu gelangen.

Das Poetenwäldchen geriet darüber in Vergessenheit. Mehr als drei Jahrhunderte sollte es dauern, bis sich das wieder änderte. Denn im Jahr 2000 entstand nicht nur das Halbrund aus großen Sitzsteinen, sondern auch ein Gedenkstein, der in seiner Form an ein Rednerpult erinnert. Und noch etwas passt hervorragend zu diesem Ort, an dem sich die Dichter trafen und an ihren Werken feilten: das Wasserrad in der Pegnitz, nur wenige Schritte von Amphitheater und Gedenkstein entfernt. „Es ist hier deshalb an der richtigen Stelle, weil Georg Philipp Harsdörffer ein Gedicht über das Wasserrad geschrieben hat, das sehr gut das Ziel des Blumenordens wiedergibt", erklärt der Vorsitzende des Ordens.

Kügel gibt wieder, was Harsdörffer damals poetisch ausdrückte: „Wie das Wasserrad das Wasser aus dem Fluss auf unsere Auen leitet, so müssen die Dichter die nationalsprachlichen literarischen Kulturen der anderen aufnehmen, übersetzen und sie damit allen zugänglich machen." Im Grunde sei das Gedicht ein Aufruf, der die deutschen Dichter wachrütteln soll. „Latein konnten sie alle prima", erkärt der heutige Vorsitzende des Ordens, „aber auf Deutsch zu dichten, das fanden sie alle schlimm. Und das wollten die Mitglieder des Blumenordens ändern."

Heike Thissen

So geht's zum Amphitheater:

Das Halbrund aus Steinen befindet sich am Rand der Pegnitzauen auf Höhe des Westbads im Stadtteil St. Johannis.

46

Lausbub

Der Teufel schnappt sich das Kind

Er fürchtet sich ja so, der kleine Junge, der von einer riesigen Hand um den Hals gepackt und nach oben gezogen wird. Das Mündchen hat er angstvoll geöffnet, die Äuglein zusammengekniffen, das Näschen gekräuselt. Das Schulbuch und die Tafel, die er in den Händen gehalten hat, fallen ihm herunter, das Händchen ist zur Faust geballt. Doch er hat keine Chance: Der Teufel lässt ihn nicht mehr los.

Zu sehen ist diese herzzerreißende Darstellung an dem viereckigen Brunnen neben der gotischen dreischiffigen Lorenzkirche in der Altstadt. Und immer, wenn Kunsthistorikerin Sabine Peters hier vorbeikommt, hat sie Mitleid mit dem kleinen Kerl, der im Würgegriff des Teufels am Brunnen zappelt.

Deshalb hat sie sich mit seiner Geschichte beschäftigt und herausgefunden, was es mit der Abbildung auf sich hat: „Die Darstellung ist im 19. Jahrhundert entstanden, einer Zeit, in der man sehr romantisch fühlte und sich gerne an Sagen erinnerte", beginnt sie zu erzählen.

Der Legende nach handelte es sich bei dem Jungen um einen Schusserbou: Ein beliebter Zeitvertreib der Nürnberger Kinder war einst das Spielen mit kleinen Murmeln. „In Nürnberg sagt man zu diesem Murmelspiel heute noch *Schussern*", erklärt die Stadtkennerin.

Diesen Geschicklichkeitswettkampf scheint auch der kleine Bub leidenschaftlich und nicht ganz ehrlich mit seinen Freunden gespielt zu haben. Als diese ihn darauf ansprachen, dass er doch geschummelt hätte, stritt er das lauthals ab und rief: „Hol mich doch der Teufel, wenn ich geschummelt habe!" Offenbar nahm ihn der Teufel beim Wort, denn ... schwupps ... war er auch schon da, um das Bübchen mitzunehmen.

„Die Sage gibt es in Nürnberg schon länger, und als der Künstler Friedrich Wanderer den Brunnen im Dreikaiserjahr 1888 ent-

Sabine Peters hat Mitleid mit dem kleinen Jungen am Brunnen.

warf, setzte er ihr sozusagen ein Denkmal und hielt sie bildlich für die Ewigkeit fest", sagt Sabine Peters.

Und die fantasievollen und gleichzeitig romantischen Nürnberger fanden noch etwas Weiteres, das sie mit der Sage in Verbindung bringen konnten: „Beim Flug durch die Luft hat der Schusserbou noch seine Kappe verloren, die dann am Blitzableiter des Chordachs der dreischiffigen Lorenzkirche hängen blieb", beschreibt die Stadtführerin augenzwinkernd. „Deswegen hat der dortige Blechknauf, mit seiner eigenwilligen Form, auch den Beinamen Lausbubenkäpple."

An der Nordseite der Lorenzkirche stehend, mit Blick auf das mit Biberschwanzziegeln verzierte Dach des Hallenchors, kann man den Blitzableiter mit dem eigenwilligen Knauf sehen.

Sabine Peters weiß auch, dass der Ort, an dem der Brunnen mit dem Kleinen aufgebaut wurde, nicht von ungefähr kommt. Denn an der Nordseite der Lorenzkirche befand sich seit dem Spätmittelalter bis zu ihrer Auflösung im Jahr 1808 eine Lateinschule. Und so mag vielleicht tatsächlich der eine oder andere Schulbub hier dieses beliebte Schusserspiel gespielt haben. Manch einer hat dabei wahrscheinlich auch gemogelt. Aber vom Teufel wurde ganz sicher keiner geholt.

Eva-Maria Bast

....

So geht's zum Lausbub:

Der kleine Junge wird an der Seite des Brunnens, der direkt links vom Haupteingang neben der Lorenzkirche steht, in die Höhe gerissen. Die Lorenzkirche steht am Lorenzer Platz 1.

Ein Totenkopf, der auf zwei Knochen ruht, schmückt das Grab von Andreas Georg Paumgartner. Doch was hat es mit dem Loch in der Schädeldecke auf sich?

Totenkopf mit Loch

47

Hinterhältiger Mord oder Zeichen der Zeit?

E s ist ein makabres Detail. Als ob ein Totenkopf auf einem Grabmal nicht schon genug an die Vergänglichkeit alles Irdischen erinnern würde, ist der auf dem Grabmal von Andreas Georg Paumgartner (1613-1686) obendrein mit einem Loch versehen. „Früher steckte hier sogar ein Nagel drin, aber der ist abhandengekommen", sagt Marco Kirchner mit Blick auf das Barock-Epitaph des ehemaligen obersten Finanzbeauftragten der Reichsstadt.

Zu diesem Grab erzählten sich die Nürnberger viele Jahre lang eine Geschichte, die sie schaudern ließ. Der Landschaftsarchitekt und passionierte Geschichtenerzähler kennt sie nicht nur auswendig, sondern kann sie auch als Sage entlarven: „Es hieß, eine junge Frau sei mit einem wesentlich älteren reichen Mann verheiratet gewesen, der aber ziemlich früh das Zeitliche segnete", beginnt er.

Der Tote sei begraben worden und seine Witwe habe bald wieder geheiratet, dieses Mal einen wesentlich jüngeren Mann. „Als Jahre später ein Verwandter im selben Grab beigesetzt werden sollte, spielte sich vor den Totengräbern beim Öffnen eine schauderhafte Szene ab: Der Unterkiefer des Skeletts bewegte sich, als wolle es reden, und in dem Schädel war nun, da Haut, Muskeln und Haare verwest waren, deutlich ein langer Nagel zu sehen." Der Mann, so stellte sich jetzt heraus, war ermordet worden. „So gruselig diese Geschichte auch ist, kein Wort an ihr ist wahr", bekräftigt der Nürnberger das Offenkundige. Und sie nimmt erst recht keinen Bezug auf Paumgartner. Denn der ließ das Epitaph für sein Grab schon zu Lebzeiten fertigen – inklusive Schädel, Loch und Nagel", klärt Kirchner über die Geschichte auf.

Marco Kirchner kennt viele spannende Geschichten rund um den Johannisfriedhof.

Paumgartner hatte noch sieben Jahre zu leben, als er Meister ihres Fachs mit der Ausführung seiner letzten Ruhestätte beauftragte: Der bekannte Nürnberger Bildhauer Georg Schweigger (1613-1690) kümmerte sich 1679 um das Modell, Kunstgießer Friedrich Hinderheusel (1636-1708) um den Guss. Auf der mit viel Liebe zum Detail verzierten Grabplatte sind unter anderem das große Wappen seiner eigenen Familie und auch diejenigen seiner drei Ehefrauen zu sehen. Am Kopfende schwebt eine Engelschar, in der ein Putto Seifenblasen pustet, womit er daran erinnert, dass das Leben selbst jederzeit platzen kann. *DISCE MORI* – lateinisch für „lerne zu sterben" und *MEMENTO LEVISSIMA* – lateinisch für „bedenke das Letzte" sind ebenfalls als Inschriften zur Mahnung an den Betrachter verewigt. Und dann gibt es da noch diesen Totenkopf mit dem Loch in der Schädeldecke. „Zu Paumgartners Lebzeiten wussten die Menschen dieses Bild noch richtig zu deuten. Denn sie kannten die Bibel besser als wir", erklärt Marco Kirchner. Der

Text des Alten Testaments hilft weiter, wenn es um den Ursprung der Darstellung geht, die Betrachter heutzutage als makaber empfinden. „Da nahm Jael, das Weib Hebers [des Keniters], einen Nagel von der Hütte und einen Hammer in ihre Hand und ging leise zu ihm [Sisera] hinein und schlug ihm den Nagel durch seine Schläfe, daß er in die Erde drang. Er aber war entschlummert, ward ohnmächtig und starb", steht im vierten Kapitel im *Buch der Richter*, Vers 21, geschrieben.

Der Gästeführer hat eine plausible Erklärung dafür, warum Paumgartner sich absichtlich für so viel Todessymbolik auf seinem Grabmal entschieden haben könnte: „Er wuchs in den Jahren des Dreißigjährigen Krieges auf, als den Menschen das Sterben näher war als das Leben. Das hat diese ganze Generation und auch die nachfolgende ein Stück weit geprägt." Todessymbole wie Totenköpfe und ähnliches seien in jenen Jahren weit verbreitet gewesen. „Somit ist das Grab von Paumgartner samt Nagel im Schädel ein typisches Memento mori, das dazu mahnt, sich des Todes ständig zu erinnern", fasst er zusammen. Doch die schwere Zeit, in der er lebte, scheint dem Nürnberger Patrizier nicht sämtlichen Sinn für Humor geraubt zu haben. Anders ist nicht zu erklären, dass er sich nicht nur für den Nagel im Schädel entschied, sondern diesen auch mit einem Unterkiefer versehen ließ, der ganz wunderbar mit den Zähnen klappern kann.

Heike Thissen

....

So geht's zum Totenkopf mit Loch:

Das Grab von Andreas Georg Paumgartner befindet sich auf dem Johannisfriedhof (Johannisstraße) östlich der Johanniskirche, Grab B1a.

48

Heidenturm

Römische Vergangenheit, wo gar keine ist

Was hat die Nürnberger Kaiserburg mit den Römern zu tun? Nicht viel, wenn man davon absieht, dass es auf ihrem Gelände ein hoch aufragendes Bauwerk gibt, das „Heidenturm" heißt. „Dabei handelt es sich um den Chorturm unserer romanischen Doppelkapelle", erklärt Sonja Oschwald von der Burgverwaltung Nürnberg. Das Rätsel, warum ausgerechnet ein christliches Gotteshaus einen Turm besitzt, der mit seinem Namen an Nicht-Christen erinnert, kann die Historikerin lösen.

„Bis in die Renaissance hinein hieß dieser Turm auf allen Abbildungen immer *St. Margareten-Chorturm*. Das war durchaus sinnvoll, weil die Schutzheilige der kaiserlichen Kapelle die heilige Margarete war", sagt sie. Doch dann sei den Nürnberger Gelehrten im 15. Jahrhundert aufgefallen, dass sich die großen Konkurrenten Augsburg und Regensburg – im Gegensatz zur Noris – auf römische Stadtgründungslegenden berufen konnten. Das durfte man an der Pegnitz nicht auf sich sitzen lassen. „Den Nürnbergern fehlte eine solche vornehme Abstammungslegende, und das schmerzte in Zeiten des Humanismus mit seiner Begeisterung für klassische Kultur sehr. Also machten sie sich auf die Suche nach einer Begründung, warum auch sie vielleicht auf eine römische Vergangenheit zurückblicken könnten", erklärt Sonja Oschwald und schmunzelt. Denn was jetzt kommt, ist an Einfallsreichtum kaum zu überbieten.

„Zuerst einmal nahmen sie den Namen Nürnberg und überlegten sich, ob er sich über Norisberg nicht vielleicht nach Neronisberg ableiten ließe. Damit könnte er auf Kaiser Nero zurückgehen oder auf dessen Bruder. Der wiederum könnte auf einem Feldzug im Jahr 10 v. Chr. hier ein Feldlager aufgestellt und einige Soldaten bei den hübschen fränkischen Mädchen zurückgelassen haben", beschreibt die stellvertretende Leiterin der Kaiserburg den einen Pfeiler, auf dem die Legende ruht. Die Geschichte sei nachweislich eigens dafür

---

Der Heidenturm der Kaiserburg wurde angeblich von den Römern erbaut. Doch das stimmt nicht.

konstruiert worden. Den zweiten Pfeiler der Gründungslegende bildete künftig der Turm der Burgkapelle. „Weil das Spiel mit dem Namen als Beweis etwas dürftig schien, suchten die Stadtväter nach einer Manifestation in Stein. Diese fanden sie in dem Turm hier", sagt Sonja Oschwald. Denn das Bauwerk war geschmückt mit Figuren aus dem 13. Jahrhundert. Und diese waren gute 200 Jahre später bereits so verwittert, dass sich nicht mehr erkennen ließ, wen sie eigentlich darstellten. Also hieß es von nun an, dort seien heidnische Götzenbilder zu sehen, weil der Turm aus der Römerzeit stamme und es sich dabei um ein von Heiden errichtetes Heiligtum handle. „Das ist eine wirklich schöne Geschichte", gibt Sonja Oschwald zu, „aber sie ist komplett an den Haaren herbeigezogen." Die Römer waren nicht in Nürnberg, egal, wie man die Historie der Stadt dreht und wendet. Und die verwitterten Figuren an der Außenmauer des Turms zeigten keine Gottheiten, sondern christliche Heilige.

Sonja Oschwald ist Kaiserburg-Expertin und weiß, wie der „Heidenturm" zu seinem Namen kam.

Der Faszination des Turms und der gesamten Burganlage tut das aber keinen Abbruch. Schon seit dem Mittelalter stehen sie als Wahrzeichen der Stadt für die Macht und die Bedeutung des Heiligen Römischen Reiches Deutscher Nation und die Bedeutung der Reichsstadt Nürnberg. Dabei diente die Doppelburg – sie besteht aus der Kaiserburg und der Burgherrenburg – nie als dauerhafter Wohnsitz für einen Kaiser. „Die waren ständig in ihrem Reich unterwegs, um Gericht zu halten oder an Reichstagen teilzunehmen. Sie wohnten unterwegs zwar in ihren Kaiserpfalzen wie unserer Burg, blieben aber immer nur für bestimmte Zeit dort", erklärt Sonja Oschwald. So kommt es, dass zwischen 1050 und 1571 alle römisch-deutschen Kaiser zumindest zeitweise in der Nürnberger

Burg residierten (siehe Geheimnis 33). Bei dieser Gelegenheit besuchten sie auf jeden Fall auch die Doppelkapelle, die heute den kunsthistorisch bedeutendsten Teil der Burg darstellt. In ihr wurden 1216 zwei Kapellen mit identischem Grundriss übereinander gebaut, die Unterkapelle war dem heiligen Ottmar geweiht, die kaiserliche Oberkapelle der bereits erwähnten heiligen Margarete. Aus derselben Zeit stammt der Heidenturm. „Wir gehen zwar davon aus,

„Das ist eine wirklich schöne Geschichte, aber sie ist komplett an den Haaren herbeigezogen."

dass die Burg auf den Resten von Vorgängerbauten errichtet wurde. Dass diese aber auf die Römer zurückgehen könnten, stimmt nicht", stellt die Historikern nochmals klar.

Der Heidenturm ist keine Hommage an die Römer und ihre Götter, sondern eine an die Franken. Davon zeugt die rot-weiß gestreifte Flagge, die seit 2012 auf ihm weht. „Das ist ungewöhnlich, weil die Burg eigentlich dem Freistaat Bayern untersteht und sich an die entsprechende Flaggenordnung halten müsste", sagt Sonja Oschwald. Demnach müsste über dem Palas die Bayernfahne, auf dem Heidenturm aber die Deutschlandfahne wehen. „Seit dem Tag der Franken am 2. Sonntag im Juli 2012 weht hier aber die Frankenfahne. Die Deutschlandfahne ist auf die Burg Freiung umgezogen." Das passe gut dazu, wie stark sich die Nürnberger mit „ihrer" Kaiserburg identifizieren und wie stolz sie auf sie seien. Gut möglich, dass den meisten von ihnen inzwischen ziemlich egal ist, ob sie nun von den Römern abstammen oder nicht.

Heike Thissen

So geht's zum Heidenturm:

Der Heidenturm steht direkt neben der Doppelkapelle der Kaiserburg.

Das Tischgrab von Konrad Groß bleibt vielen Besuchern des Heilig-Geist-Spitals verborgen. Dabei ist es im Kreuzhof frei zugänglich.

49

Tischgrab

Stifter mit Wirkung bis in die Gegenwart

Konrad Groß (um 1280-1356) war in mehrfacher Hinsicht ein bemerkenswerter Mann. Da ist sich Stadtkämmerer Harald Riedel sicher. „Er war der reichste Nürnberger seiner Zeit und hätte eigentlich ein sorgenfreies Leben führen können. Aber er beschäftigte sich viel mit der Frage, was er mit seinem Reichtum anfangen sollte und was davon nach seinem Ableben bleiben würde", erklärt der Nürnberger. Getrieben von dem Wunsch, Gutes zu tun und sein moralisches Gewissen zu erleichtern, entschied sich Groß zu einer sehr sinnvollen Tat, die sich bis heute auswirkt: Er gründete das Heilig-Geist-Spital, die damals bedeutendste Wohltätigkeitsstiftung Deutschlands. Das weiß in Nürnberg so gut wie jedes Kind. Jedoch nur die wenigsten wissen, wo sein Grab ist. „Das ist insofern verwunderlich, als dass sich sein Grabstein mitten im Spital befindet. Doch er ist nicht sofort als solcher erkennbar:

Von Weitem sieht es so aus, als stünden am Rand des Kreuzigungs-
hofs einfach nur zwei große Möbelstücke aus Stein", sagt der Mitarbeiter der Stadtverwaltung. Konrad Groß ließ sich in einem Grab
beisetzen, bei dem über dem in der Erde versenkten Leichnam ein
Grabstein in Form eines großen vierbeinigen Tisches aufgestellt
wurde. „Das Grab befand sich ursprünglich in der Kirche des Spitals. Diese wurde im Zweiten Weltkrieg zerstört und nicht wieder
aufgebaut, deswegen steht der Grabstein inzwischen zusammen mit
dem für Herdegen Valzner, einem weiteren wichtigen Mäzen des
Spitals, im Freien", erklärt Riedel.

Der Großkaufmann Konrad Groß häufte im Laufe seines
Lebens unermesslichen Reichtum an. Er verfügte über große
Besitzungen innerhalb und außerhalb der Stadt und fungierte zum
Beispiel als Geldgeber für Kaiser Ludwig den Bayern (1282/1286-
1347). Seiner guten Beziehung mit dem Wittelsbacher verdankte es
Groß, dass er 1339 das Reichsschultheißenamt mit Zoll und Münz-
recht erhielt und somit nicht nur über die Bürgerschaft, sondern
auch über den Rat erhoben war.

Schon 1331 hatte ihm der Burggraf Friedrich IV. (1287-1332)
eine Wiese geschenkt, auf der Groß ein neues Spital errichten wollte.
Die Gründung der Stiftung ließ er sich am 10. November 1332 vom
Bamberger Bischof Leupold II. und dem damaligen Pfarrer von St.
Sebald schriftlich bestätigen. Diese beeindruckende Urkunde ist
noch heute erhalten und gibt Aufschluss über den Zweck, den der
Nürnberger mit seiner guten Tat verfolgte. Dort heißt es, aus dem
Lateinischen ins Deutsche übersetzt: „Konrad Groß, Bürger der
Stadt Nürnberg [...] wünscht, von der göttlichen Gnade angetrieben,
die zeitlichen Güter mit den himmlischen zu vertauschen und so
das Gesetz Christi zu erfüllen, durch das uns befohlen wird, um
seinetwillen die Nächsten zu lieben." Außerdem gibt Groß darin
detaillierte Anweisungen, wie das Spital geführt werden soll.
Demnach fanden dort zunächst 128 Sieche, also Kranke, Platz und
72 Pfründner. Das waren alte und mittellose Menschen, denen die
Stiftung einen Lebensabend in Würde ermöglichte. „Diese Stiftung
war zu jener Zeit die größte Stiftung eines einzelnen Bürgers im
Deutschen Reich. Damit ermöglichte er eines der bedeutendsten

bürgerlichen Armen- und Altenheime in ganz Europa", sagt Harald Riedel, der auch für die Nürnberger Stiftungen zuständig ist.

Doch Konrad Groß ging es nicht nur um einen selbstlosen Akt der Nächstenliebe. Auch das lässt sich der Stiftungsurkunde entnehmen. Er fürchtete um das Heil seiner eigenen Seele, aber auch um das seiner Eltern, Freunde und Bekannten. Deshalb gründete er neben dem Heilig-Geist-Spital noch weitere vergleichbare Einrichtungen: Die Klöster Himmelthron und Pillenreuth gehen auf ihn zurück, außerdem das Spital in Kitzingen.

Stadtkämmerer Harald Riedel betreut die Nürnberger Stiftungen. Zu diesen gehört auch die des Heilig-Geist-Spitals.

Die ersten Gebäude des Heilig-Geist-Spitals wurden zwischen 1332 und 1339 am Ufer der Pegnitz erbaut. Erst rund 150 Jahre später entstand der Gebäudetrakt über dem Nordarm des Flusses, der heute noch Besucher aus aller Welt beeindruckt. „Das war für damalige Verhältnisse ein ziemlich gewagtes Projekt. Das Gelände war sumpfig und die statischen Bedingungen eine große Herausforderung", beschreibt Harald Riedel den Neubau.

Wer im 21. Jahrhundert über den Kreuzigungshof spaziert und dort die Ruhe inmitten des Trubels der Innenstadt genießt, kann sich an Konrad Groß erinnern. Er war, wie Harald Riedel richtig sagt, ein bemerkenswerter Mann – in seinem Leben als Geschäftsmann, aber auch in seinem Leben als Stifter.

Heike Thissen

So geht's zum Tischgrab:

Das Tischgrab steht im Kreuzigungshof des Heilig-Geist-Spitals.

Alex Wittchen weiß, was sich unter diesem Gullydeckel versteckt.

50

Gullydeckel

Wasserleitung tief unter Nürnberg

Tausendfach mit Füßen getreten und unbeachtet: Gully-deckel gehören wohl zu den Dingen, über die die meisten Menschen achtlos hinweggehen und denen kaum jemand Beachtung schenkt. Dabei sind sie oft viel mehr als nur die Abdeckung der Kanalisation. Manche von ihnen – in Bochum zum Beispiel – haben künstlerischen Wert, andere – in Hannover – können singen, weil sich eine Stereoanlage unter ihnen befindet. In Würzburg gibt es einen Mann, der Gullydeckel sammelt. Und in Nürnberg? Da verschließt ein Gullydeckel einen ganz besonderen Kanal, eine sogenannte Lochwasserleitung.

Der Nürnberger Fotograf Alex Wittchen hat sich viel mit den Bunkern in seiner Heimatstadt beschäftigt und ist dabei auf auch ebenjene Lochwasserleitungen gestoßen. „Sie sind Nürnbergs mittelalterliche Wasserversorgung und ergeben zusammen mit den

Bunkern ein riesiges unterirdisches Labyrinth, das sich unter der ganzen Altstadt erstreckt", erzählt er. „Dieser Gullydeckel ist damit im Grunde ein Relikt der mittelalterlichen Wasserversorgung."

Natürlich hat sich der Nürnberger auch mit der Technik der Lochwasserleitungen auseinandergesetzt: Die Gänge, die unterhalb der Basteien verlaufen, wurden in den Sandstein geschlagen. „Sie kreuzen Grundwasserläufe, die die unterirdische Wasserversorgung speisen." In den Gängen sammelte sich dadurch Wasser, das dann zu einer zentralen Stelle floss – einem Schöpf- und Ziehbrunnen am Milchmarkt, heute Albrecht-Dürer-Platz – und dort als Trinkwasser genutzt wurde. „Der Sandstein hatte obendrein eine reinigende Funktion", nennt der Nürnberger einen weiteren Aspekt.

Er hat die teilweise noch intakten Gänge vor allem als Jugendlicher und junger Erwachsener ausführlich in Augenschein genommen. „Wir sind da früher viel drin rumgekrochen und stundenlang rumgestromert. Die Gänge sind ziemlich eng, meistens nicht mehr als 60 Zentimeter breit, aber so hoch, dass man sie, wenn man klein ist, aufrecht begehen kann. Menschen, die größer als 1,60 Meter sind, müssen den Kopf einziehen." Er habe in den Gängen allerlei Überbleibsel aus der Vergangenheit entdeckt – Namen und Symbole von Personen, die sich dort verewigt haben.

Der Gullydeckel birgt ein Geheimnis.

Samt Jahreszahlen. „Die stammen alle aus dem Mittelalter, müssen also von den Menschen sein, die die Stollen gebaut haben – das waren Steinmetze", erklärt Alex Wittchen. Der Bau von Stollenanlagen sei von den Steinmetzen in der kalten Jahreszeit erledigt worden, bei etwa acht Grad arbeiteten sie unter Tage mit Hammer und Meißel.

„Besonders faszinierend finde ich, dass die Leitungen im Mittelalter geheim waren", fährt er fort. „Man wusste zwar um ihre Existenz, aber ihre Lage und ihr Verlauf wurden streng geheim gehalten – schließlich handelte es sich um die Wasserversorgung der Stadt, die es im Kriegs- oder Angriffsfall zu schützen galt." Eines Tages gab es tatsächlich einen Angriff auf die Lochwasserleitung. Der war aber nicht direkt feindlicher Art: „Oben an der Burg steht ein Haus, in dem der Besitzer ein Loch für seine Toilette gegraben hat, und dabei hat er die Lochwasserleitungen erwischt. Es hat ziemlich lange gedauert, bis man darauf gestoßen ist, woher diese Verunreinigung kommt. Das Loch ist heute noch vorhanden", erzählt Wittchen und kann sich ein Schmunzeln nicht verkneifen.

„Die Lochwasserleitungen entstanden wohl schon vor der 1545 von Baumeister Antonio Fazuni errichteten Bastei, unter der sie verlaufen", fährt er fort. Wann man sie gebaut hat, ist nicht sicher, es war aber auf jeden Fall vor 1459, denn zu jener Zeit schrieb Röhrenmeister Heinrich Scharpf über eine bereits vorhandene Lochwasserleitung, nämlich die „Rör am Milchmarkt vor Tyrolf". Und der Röhrenmeister berichtete damals schon, dass die Lochwasserleitungen sehr alt und teilweise eingestürzt seien. „Daher gab es sie möglicherweise schon im 12. oder 13 Jahrhundert", schließt Alex Wittchen daraus. „Seither versorgten sie die Nürnberger mit Wasser. So lange, bis die zentrale Trinkwasserversorgung eingeführt wurde. Dann wurden sie überflüssig."

Die Gänge bestehen noch immer, und im Rahmen von Führungen kann man sie auch begehen. „Man muss dann allerdings nicht durch das Loch kriechen, das der Gullydeckel verschließt, man kann ganz bequem die Treppen hinuntergehen", versichert Wittchen aufmunternd. Und das Wasser ist auch schon längst versiegt. „Nasse Füße bekommt man nicht mehr."

Eva-Maria Bast

....

So geht's zum Gullydeckel:

Er befindet sich schräg gegenüber der Bergstraße 7, weitere kann man am Albrecht-Dürer-Platz entdecken.

Quellen, Literatur, Bildnachweis

Baier, Alfons: Baugrube Deutsches Stadion/Silbersee. URL: http://www.reichsparteitagsgelaende.de/stationen/silbersee.htm. Abgerufen am 30.06.2018.

Baukunst Nürnberg: „Rathaus: Wolff'scher Bau". URL: http://www.baukunst-nuernberg.de/epoche.php?epoche=Renaissance&objekt=Rathaus. Abgerufen am 07.07.2018.

Baumann, W.; Diefenbacher, M.; Herbers, H.; Krüger, F.; Wiktorin, D.: Der Nürnberg Atlas. Vielfalt und Wandel der Stadt im Kartenbild. Köln 2007, S. 144-167.

Bayerisches Landesamt für Denkmalpflege: Denkmalliste für Nürnberg – Baudenkmäler. Nürnberg 2018, S. 308.

Bayerische Verwaltung der staatlichen Schlösser, Gärten und Seen: „Kaiserburg Nürnberg". URL: http://www.kaiserburg-nuernberg.de/deutsch/burg/index.htm. Abgerufen am 14.07.2018.

Bayerische Verwaltung der staatlichen Schlösser, Gärten und Seen: „Kaiserburg Nürnberg. Rittersaal". URL: http://www.kaiserburg-nuernberg.de/deutsch/burg/rittersaal.htm. Abgerufen am 14.07.2018.

Bayerischer Rundfunk: „Jüdisches Leben in Bayern. Pogrome im Mittelalter". URL: https://www.br.de/themen/religion/juden-bayern-judentum106.html. Abgerufen am 06.07.2018.

BDRG Mittelfranken: „Die Nürnberger Gutzlöcher". URL: http://www.bdrg-mittelfranken.de/Geschichte/Gutzloecher/Gutzloecher%20index.html. Abgerufen am 25.06.2018.

Begleitheft zur Dauerausstellung „Faszination und Gewalt" im Dokumentationszentrum Reichsparteitagsgelände. Nürnberg o. A.

Beitl, Richard: Wörterbuch der deutschen Volkskunde. Stuttgart 1955, S. 202.

Beyerstedt, Horst-Dieter: Diana-Tempel in Nürnberg? URL: http://www.stadtarchive-metropolregion-nuernberg.de/diana-tempel-in-nuernberg/. Abgerufen am 10.07.2018.

Bundesingenieurkammer e.V.: Historische Wahrzeichen der Ingenieurbaukunst in Deutschland. Informationen zur Fleischbrücke. URL: http://wahrzeichen.ingenieurbaukunst.de/historische-wahrzeichen-der-ingenieurbaukunst/der-foerderturm-camphausen-iv/ausgezeichnete-bauwerke/die-fleischbruecke-nuernberg/informationen-zur-fleischbruecke/. Abgerufen am 16.07.2018.

Bürgerverein St. Johannis-Schniegling-Wetzendorf: Curiosa. Handwerker-Epitaphien, Patriziergräber auf dem St. Johanniskirchhof Nürnberg. Nürnberg 2017, S. 7.

Burger, Daniel; Friedel, B.: Burgen und Schlösser in Mittelfranken. Cadolzburg 2003, S. 18 ff.

Cassel, Paulus: Das alte Erfurter Rathaus und seine Bilder. Paderborn 1857, S. 17-19.

Der Felsenkeller-Bunker.de: „Geschichte der Felsengänge". URL: http://www.der-felsenkeller-bunker.de/geschichte/. Abgerufen am 29.06.2018.

Diefenbacher, Michael; Endres, R.: Stadtlexikon Nürnberg. Nürnberg 1999.

Diefenbacher, Michael: 650 Jahre Hospital zum Heiligen Geist in Nürnberg. 1339-1989. Nürnberg 1989.

Diefenbacher, Michael; Fischer-Pache, Wiltrud: Der Luftkrieg gegen Nürnberg. Nürnberg 2004, S. 197 ff., 285 ff., 517.

Eberstadt, R.: „Die sogenannten Teufelskrallen an alten Bauwerken". In: Korrespondenzblatt des Gesamtvereins der deutschen Geschichts- und Alterthumsvereine 11/12. o.O. 1916.

Fahlbusch, Otto: „Seltsame Runen an niedersächsischen Baudenkmälern". Göttinger Tageblatt vom 07.12.1955.

Feldhaus, Franz Maria: „Schuckert, Johann Sigmund". In: Allgemeine Deutsche Biographie, herausgegeben von der Historischen Kommission bei der Bayerischen Akademie der Wissenschaften, Band 55 (1910), S. 616. URL: https://de.wikisource.org/w/index.php?title=ADB:Schuckert,_Sigmund&oldid=2513329. Abgerufen am 28.06.2018.

Fink, Gerhard: Götter in Nürnberg. Nürnberg 2001, S. 21-24.

Frauen-Biographieforschung: „Maria Sibylla Merian". URL: http://www.fembio.org/biographie.php/frau/biographie/maria-sibylla-merian/. Abgerufen am 15.07.2018.

Friedel, Birgit; Großmann, G. U.: Die Kaiserpfalz Nürnberg. Regensburg 2006.

Fritzsch, Robert: Nürnberg im Krieg. Düsseldorf 1984, S. 107.

Förderverein Nürnberger Felsengänge e.V.: „Relikt des Kalten Krieges". URL: https://www.felsengaenge-nuernberg.de/fuehrungsangebote/bahnhofsbunker.html. Abgerufen am 12.07.2018.

Geschichte für Alle e.V. (Hrsg.): Geschichte der Juden in Nürnberg. Historische Spaziergänge. Nürnberg 2014.

Ghillany, Friedrich W.: Nürnberg historisch und topographisch nach den ältesten vorhandenen Quellen und Urkunden. München 1863, S. 175 ff.

Grieb, Manfred (Hrsg.): Nürnberger Künstlerlexikon. Bildende Künstler, Kunsthandwerker, Gelehrte, Sammler, Kulturschaffende und Mäzene vom 12. bis zur Mitte des 20. Jahrhunderts. München 2007, S. 660, 1412.

Gürtler, Daniel: Mauern, Türme, Bastionen. Die Nürnberger Stadtmauer. Nürnberg 2012, S. 24-27.

Haas, Karl-Friedrich: Unerklärliche Zeichen im Stein. Nürnberg 2011, S. 95 ff., 166, 276 ff., 341-342.

Hausbrauerei Altstadthof: Das Original Nürnberger Rotbier. URL: https://www.hausbrauerei-altstadthof.de/brauerei/nuernberger-rotbier/. Abgerufen am 07.07.2018.

Haus der bayerischen Geschichte: „Stadt Nürnberg". URL: https://www.hdbg.eu/gemeinden/web/index.php/detail?rschl=9564000. Abgerufen am 14.07.2018.

Heilig-Geist-Spital: Der Stifter Konrad Groß. URL: https://www.heilig-geist-spital.de/gross.htm. Abgerufen am 15.07.2018.

Hellmich, Max: Steinerne Zeugen mittelalterlichen Rechtes in Schlesien: Steinkreuze, Bildstöcke, Staupsäulen, Galgen, Gerichtstische. Liegnitz 1923, S. 78.

Israelmagazin.de: Zum Verwechseln ähnlich: Davidstern oder Brauerstern? URL: https://www.israelmagazin.de/zum-verwechseln-davidstern-an-wirtshausern-brauerstern-zoiglstern. Abgerufen am 07.07.2018.

Kachel, Johanna: Herberge und Gastwirtschaft in Deutschland bis zum 17. Jahrhundert. Stuttgart 1924, S. 54 f.

Kaiser, Christiane: Die Fleischbrücke in Nürnberg (1596-1598). Dissertation an der Brandenburgischen Technischen Universität Cottbus. Fakultät für Architektur, Bauingenieurwesen und Stadtplanung. Cottbus 2005.

Kluxen, Andrea M.; Krieger, J.: Geschichte und Kultur der Juden in Nürnberg. Würzburg 2014.

Knoke, Mareike: „Die selbstbewusste Schmetterlingsfrau". URL: https://www.spektrum.de/news/die-selbstbewusste-schmetterlingsfrau/1435038. Abgerufen am 15.07.2018.

Leibniz-Gemeinschaft: „Meister der Stofflichkeit". URL: https://www.leibniz-gemeinschaft.de/medien/aktuelles/news-details/article/meister_der_stofflichkeit_100003445/. Abgerufen am 15.07.2018.

Leyh, Robert: Die Frauenkirche zu Nürnberg. München/Zürich 1992, S. 56.

Marktspiegel.de: Als Nürnberg unterging. URL: https://www.marktspiegel.de/nuernberg/lokales/als-nuernberg-unterging-d9183.html. Abgerufen am 08.07.2018.

Masa, Elke: Freiplastiken in Nürnberg, Plastik Denkmale und Brunnen im öffentlichen Raum der Stadt. Neustadt an der Aisch o.J.

Maué, Claudia: „Archivalien und Quellen zu Leben und Tod des Johann Schlütter aus Lübeck und zu seinem Grabmal auf dem Nürnberger Johannisfriedhof". In: Verein für Geschichte der Stadt Nürnberg (Hrsg.): Mitteilungen des Vereins für Geschichte der Stadt Nürnberg. Band 85. Nürnberg 1998, S. 1-50.

Merian, Matthäus ; Zeiller, Martin: Topographia Franconiae. Frankfurt am Main 1648, S. 65-78.

Mittenhuber, Martina u..a (Red.): Jenseits des Weißen Turms. Geschichte und Geschichten aus dem Jakober Viertel. Nürnberg 1997, S. 64.

Müller, Wilhelm (Hrsg.): Bibliothek deutscher Dichter des siebzehnten Jahrhunderts. Leipzig 1826, S. 15-17.

Müller, Kurt; Mulzer, Erich: „Die erste Bresche in Nürnbergs Stadtmauer". In: Nürnberger Altstadtberichte Nr. 15. Nürnberg 1990, S. 37-80.

Müllner, Johannes: Die Annalen der Reichsstadt Nürnberg, Band I, II und III, herausgegeben vom Stadtarchiv Nürnberg, Quellen und Forschungen zur Geschichte und Kultur der Stadt Nürnberg. Nürnberg 2003.

Mulzer, Erich: Baedeker Nürnberg. Ostfildern-Kemnat 2000, S. 134.

Mulzer, Erich: „Der Tritonbrunnen auf dem Maxplatz – ein Stück unbekanntes Nürnberg?" In: Altstadtfreunde Nürnberg e.V. (Hrsg.): Nürnberger Altstadtberichte. Nr. 19. Nürnberg 1994, S. 27 ff.

Mulzer, Erich: „Vom Umgang mit einem möglichen Weltkulturerbe". In: Nürnberger Altstadtberichte Nr. 25. Nürnberg 2000, S. 27-62.

Mulzer, Erich: Nürnberger Erker und Chörlein. Nürnberg 1965.

Mummenhoff, Ernst: „Ulman Stromer". In: Allgemeine Deutsche Biographie (ADB). Band 36. Leipzig 1893, S. 617 f.

Nürnberg.de: Die Nürnberger Unterwelt: „Der Atombunker Krebsgasse". URL: https://www.nuernberg.de/internet/stadtportal/atombunker_krebsgasse.html. Abgerufen am 12.07.2018.

Nürbergerinfos.de: „Die Fleischbrücke in Nürnberg". URL: http://www.nuernbergerinfos.de/bruecken-nuernberg/fleischbruecke-nuernberg.html. Abgerufen am 16.06.2018.

Nürnbergerinfos.de: „Hausfiguren und Hausmadonnen in Nürnberg". URL: http://www.nuernbergerinfos.de/foto-dokus/hausfiguren-hausmadonnen.html. Abgerufen am 08.07.2018.

Nürnbergerinfos.de: „Rotes Ross (Nürnberg)". URL: http://www.nuernbergerinfos.de/gaststaetten-hotels-nuernberg/rotes-ross-am-weinmarkt.html. Abgerufen am 06.06.2018.

Nürnbergerinfos.de: „Sigmund Schuckert und die Schuckert-Werke". URL: http://www.nuernbergerinfos.de/bedeutende-nuernberger/sigmund-schuckert.html. Abgerufen am 27.06.2018.

Nürnbergmesse.de: Messen, Kongresse & Events in Nürnberg und weltweit. URL: https://www.nuernbergmesse.de/de. Abgerufen am 17.07.2018.

Ohmcast.de: „Atombunker unter dem Nürnberger Hauptbahnhof". URL: https://www.youtube.com/watch?v=eN8ir-PIuWk. Abgerufen am 12.07.2018.

Pegnesischer Blumenorden e.V.: Geschichte. URL: https://www.blumenorden.de/index.php/Geschichte. Abgerufen am 16.07.2018.

Pelzl, Ines: Veit Stoß. Künstler mit verlorener Ehre. Regensburg 2017.

Pilz, Kurt: Die St. Sebaldus-Kirche in Nürnberg: Ein Kirchenführer. Nürnberg 1977, S. 10.

Roennenfahrt, Silke: Weltgästeführertag Erinnerung an Nürnberger Marktfrauen. URL: http://www.nordbayern.de/region/nuernberg/weltgastefuhrertag-erinnerung-an-nurnberger-marktfrauen-1.2713879. Abgerufen am 02.07.2018.

Rusam, Hermann: „Vom Poetenwäldchen zum Irrhain des Pegnesischen Blumenordens". In: Frankenbund e.V. (Hrsg.): Frankenland – Zeitschrift für fränkische Landeskunde und Kulturpflege. Heft 54. Würzburg 2002, S. 12-20.

Ruschel, Adalbert: Der Handwerkerfriedhof Sankt Rochus zu Nürnberg: Was Epitaphien erzählen können. Hamburg 2017, S. 53-56.

Schaffer, Reinhold: „Die Siegel und Wappen der Reichsstadt Nürnberg". In: Zeitschrift für bayerische Landesgeschichte. München 1937, S. 157-203.

Schieber, Martin: Geschichte Nürnbergs. München 2007, S. 24 f., 83 ff.

Schlenkerla.de: „Brauerstern". URL: http://www.schlenkerla.de/biergeschichte/brauerstern/html/ausschankzeichen.html. Abgerufen am 12.07.2018.

Schmidt, Alexander: Das Reichsparteitagsgelände in Nürnberg. 5., vollständig überarbeitete Auflage. Nürnberg 2017, S. 67-76, 157-160.

Schmidt, Alexander; Windsheimer, B.: Geschichte der Juden in Nürnberg. Nürnberg 2014, S. 8-15, 64 f.

Schmidt, Klaus: „Die Gutzlöcher auf dem Dachfirst". In: Altstadtfreunde Nürnberg e.V. (Hrsg): Nürnberger Altstadtbericht 1983, Nr. 8.

Schmitt, Günter: Pioniere der frühen Luftfahrt. Bindlach 1995, S. 9-19.

Schneider-Hiller, Gusti: Wappen und Siegel der Stadt Nürnberg 1984.

Schuster, Petra: „Mittelalterliche Feuerwehr in Nürnberg". URL: http://www.petraschuster.de/nuernberg/geschichte/feuerwehr.shtml. Abgerufen am 08.07.2018.

Schottner, Alfred: Die „Ordnungen" der mittelalterlichen Dombauhütten: Verschriftlichung und Fortschreibung der mündlich überlieferten Regeln der Steinmetzen. Münster/Hamburg 1997, S. 60.

Schweizer, Claudia: Wolframsbrunnen. Die Geschichte des Brunnens in der Lorenzer Straße 5. 2. Auflage. Nürnberg 2012.

Steffel, Georg: „Die rätselhaften Rillen" In: Historischer Verein für Oberfranken (Hrsg.): Archiv für Geschichte von Oberfranken. Band 86. Bayreuth 2006, S. 255 ff.

Stromer, Wolfgang von: „Groß, Konrad". URL: https://www.deutsche-biographie.de/pnd124642888.html#ndbcontent. Abgerufen am 16.07.2018.

Stadtarchiv Nürnberg: Stadtlexikon. „Tritonbrunnen". URL: http://online-service2.nuernberg.de/stadtarchiv/objekt_start.fau?prj=verzeichnungen&dm=Lex_Internet&zeig=5441. Abgerufen am 30.06.2018.

Stadt Nürnberg: Die Pegnitz flutet Nürnberg! 1909/2009. Broschüre des Tiefbauamts/Abteilung Wasserwirtschaft. Nürnberg 2009.

Streicher, Hubert: Die graphischen Gaunerzinken. Wien 1928, S. 23.

Suehnekreuz.de: Mindorf / OT von Hilpoltstein. URL: http://www.suehnekreuz.de/bayern/mindorf.htm. Abgerufen am 12.07.2018.

Taegert, Dr. Werner: Der Ochse, der nie ein Kalb gewesen – Stadtwahrzeichen in Nürnberg und Bamberg. Unveröffentlichtes Manuskript.

Tiergarten Nürnberg: Tiergartenzeitung. Ausgabe 4. Nürnberg 2012.

Walter, Heinz; Kaschel, W.: „Von Wetzrillen und Reibschälchen". In: Die Fränkische Alb 1, 2001.

Weber, Otto: Verein für Geschichte der Stadt Nürnberg, Jahresbericht über das sechsundvierzigste Vereinsjahr 1923. Nürnberg 1924.

Wegmann, Susanne: „Der Kreuzweg von Adam Kraft in Nürnberg. Ein Abbild Jerusalems in der Heimat".

In: Verein für Geschichte der Stadt Nürnberg (Hrsg.): Mitteilungen des Vereins für Geschichte der Stadt Nürnberg, Band 84. Nürnberg 1997, S. 93-117.

Werk, Uwe: „Bronzetafeln für die Ewigkeit". URL: http://www.nordbayern.de/ressorts/bronzetafeln-fur-die-ewigkeit-1.422075. Abgerufen am 12.07.2018.

Wikipedia: „Hauptmarkt (Nürnberg)". URL: https://de.wikipedia.org/wiki/Hauptmarkt_(Nürnberg). Abgerufen am 09.07.2018.

Wissen.de: Luftfahrt-Pioniere: Die erste Ballon-Fahrt über den Ärmelkanal. URL: https://www.wissen.de/luftfahrt-pioniere-die-erste-ballon-fahrt-ueber-den-aermelkanal. Abgerufen am 06.06.2018.

BILDNACHWEIS

Coverbild: Roland Fengler
Vorwort: S. 7: Stefan Hippel
S. 9: Bild 1: Fotohaus Kerstin Sänger
S. 9: Bild 3: Stefan Hippel
S. 39: Stefan Hippel
S. 41: Stefan Hippel
S. 71: Roland Fengler
S. 72: Roland Fengler
S. 80: Horst Linke
S. 82: Horst Linke
S. 110: Nürnberg Messe / Heiko Stahl
S. 112: Nürnberg Messe / Heiko Stahl
S. 123: Stefan Hippel
S. 124: Stefan HIppel
S. 154: Alex Wittchen
S. 160: Günter Distler
S. 181: Jonathan Kielkowski
S. 182: Jonathan Kielkowski

Steinacher Straße
Boxwald
Am Knappsteig
Kraftshof
27
Ste
Wie
Sack
Boxdorfer Straße
Erlanger Straße
45
Reutersbr
Braunsbacher Weg
Buch
Gründlacher Straße
4
Veit-S
Pla
Höfles
Am Wegfeld
Almoshof
Hans-Vogel-Straße
poppenreuther Straße
Raiffeisenstraße
Marien
Müllnerstr.
Austraße
Schleswiger Straße
Brettergartenstr.
Frankens
Schnieglinger Str.
Nordwestring
Rothe
Straße
8
maps4new
Kirchenweg
Fürther Straße
1
2
Fürther Straße
Roonstr.
Schwabacher Str.
4
Gugelstr.
Pfälzerstr.
Ulmenstraße
Dianastraße
1
Frankenschnellweg
Finkenbrun

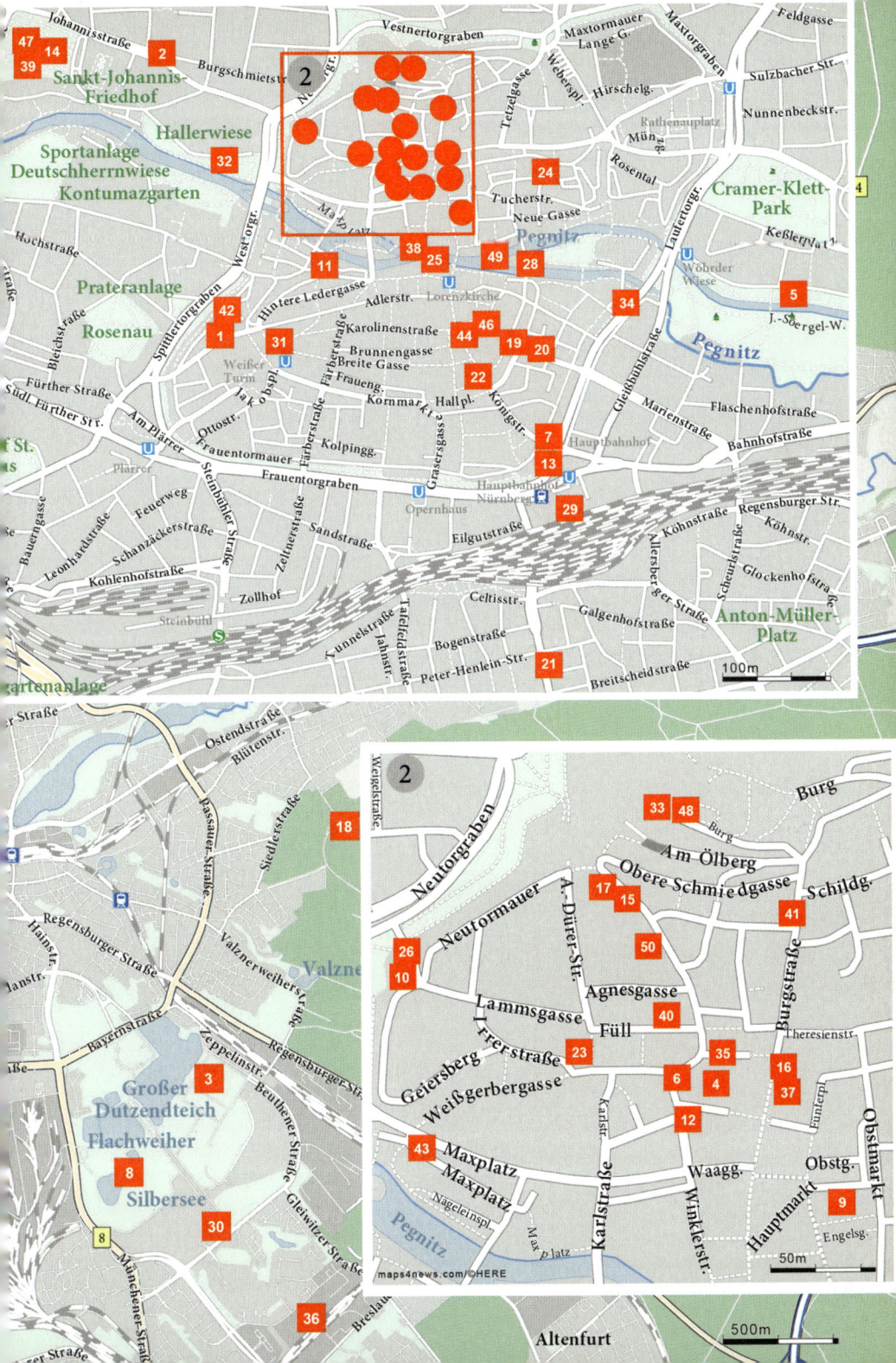

SIE WOLLEN NOCH MEHR ÜBER

Nürnberg

WISSEN?

....

Hier gibt es sachkundige Informationen:

Bayerische Verwaltung der Staatlichen Schlösser, Gärten und Seen
Kaiserburg Nürnberg
Auf der Burg 13
90403 Nürnberg
Öffnungszeiten:
April bis September: 9-18 Uhr
Oktober bis März: 10-16 Uhr
geschlossen: 1. Januar, Faschingsdienstag, 24., 25. und 31. Dezember
Telefon: 0911 / 244659-0
Homepages:
www.kaiserburg-nuernberg.de
www.schloesserblog.bayern.de

BUND Naturschutz Nürnberg
Die größte und aktivste Natur- und Umweltschutzorganisation in Nürnberg.
Endterstraße 14
90459 Nürnberg
Telefon: 0911 / 45 76 06
Fax: 0911 / 44 79 26
Homepage:
www.nuernberg-stadt.bund-naturschutz.de

Gabi Döhler
Zertifizierte Gästeführerin der Stadt Nürnberg.
Allgemeine Stadtführungen zu Fuß und mit dem Bus in und um Nürnberg.
Brunnauer Straße 5
90452 Nürnberg
Telefon: 0911 / 6383860
Mobil: 0170 / 8093462
E-Mail:
doehler@nuernberg-stadtfuehrung.de
Homepage:
www.nuernberg-stadtfuehrung.de

Reinhard Engel
Historische Felsengänge Nürnberg –
NKG GmbH Nürnberger Kellerverwaltungsgesellschaft
Regelmäßige Führungen in den historischen Felsengängen.
Bergstraße 19-21
90403 Nürnberg
Telefon: 0911 / 23602731
Telefax: 0911 / 23555365
E-Mail: info@historische-felsengaenge.de
Homepage:
www. historische-felsengaenge.de

Freunde der Nürnberg-Fürther Straßenbahn e.V.
Der Verein hält mit Vorträgen, Oldtimer-Rundfahrten und der Ausstellung im Straßenbahnmuseum die Straßenbahngeschichte lebendig.
Schloßstraße 1
90478 Nürnberg
Telefon: 0911 / 499833
E-Mail: redaktion@sfnbg.de
Homepage: www.sfnbg.de

Daniel Gürtler
Geschichte Für Alle e.V. –
Institut für Regionalgeschichte
Der Verein bietet mit seinen Stadtrund-gängen und Bildungsprogrammen seit über 30 Jahren die Möglichkeit, mehr über Geschichte, Alltagsleben und das aktuelle Stadtgeschehen zu erfahren.
Wiesentalstr. 32
90419 Nürnberg
Telefon: 0911 / 30736-0
E-Mail: info@geschichte-fuer-alle.de
Homepage: www.geschichte-fuer-alle.de

Jonathan Danko Kielkowski
Dokumentar und Architekturfotograf
Telefon: 0162 / 2725244
E-Mail: mail@jd-kielkowski.com
Homepages: www.jd-kielkowski.com
www.delve.site

Marco Kirchner
GeschichtenManufaktur / Geisterwege –
Unterwegs im Fackelschein
Aurachgrund 8
91564 Aich
Telefon: 09872 / 95 70 169
Mobil: 0175 / 40 24 148
E-Mail: nuernberger@geisterwege.de
Homepage: www.geisterwege.de

Carmen Machmuridis-Lösch
Individuelle, unterschiedlich kombinierbare
Führungen durch die historische Altstadt
Nürnbergs.
Gsteinacherstraße 17c
90592 Schwarzenbruck
Telefon: 0178 / 1426010
E-Mail: carmen.loesch@nuernberg-tours.de
Homepages: www.loesch-stadtfuehrer.de
www.wie-schmeckt-meine-stadt.de

Dr. Claudia Maué
Verein Nürnberger Epitaphienkunst und
-kultur e.V.
Kaulbachstr. 35
90408 Nürnberg
Telefon: 0911 / 35 97 55
E-Mail: info@epitaphienkultur.de
Homepage: www.epitaphienkultur.de

Naturhistorisches Museum Nürnberg
Der größte ehrenamtlich arbeitende
naturwissenschaftliche Verein bietet
Vorträge, Seminare, Exkursionen,
experimentelle Wissenschaft und betreibt ein
Museum, ein Freiland-Terrarium und
-Aquarium und vieles mehr.
Marientorgraben 8
90402 Nürnberg
Öffnungszeiten: Di.-Do., So. 10-17 Uhr,
Fr. 10-21 Uhr, Sa. 13-17 Uhr
Homepage: www.nhg-nuernberg.de

Sabine Peters M.A.
Die Kunsthistorikerin und geprüfte und
zertifizierte Gästeführerin, freie
Museumspädagogin und freie Kuratorin
bietet verschiedene Führungen zur Schönheit
und Geschichte Nürnbergs an.
Telefon: 0179 / 1127043
Homepage: www.stadtpomeranze.de
Für Verliebte, Verlobte und Verheiratete
bietet die Nürnbergerin besondere
Führungen an:
www.demRIDSCHIseineSIGGI.com

Dr. Barbara Schuster
Die zertifizierte Stadtführerin bietet
allgemeine und spezielle Stadtrundgänge,
aber auch Führungen speziell für Kinder an.
Telefon: 0171 / 570 6242
E-Mail: btschuster@web.de
Homepage: www.nürnberg-stadtführer.de

Die Stadtführer e.V.
Der Verein der Gästeführer Nürnbergs bietet
Altstadtrundgänge, spezielle
Themenführungen, Stadtrundfahrten,
kombinierte Stadtführungen per Bus und zu
Fuß und Ausflugsfahrten an.
Homepage: www.nuernberg-tours.de

Frauenkirche (Unsere Liebe Frau)
Das Pfarrbüro der Frauenkirche am Haupt-
markt bietet regelmäßige Führungen an.
Mai bis September:
Mo.-Sa. 12.10 Uhr,
So. und Feiertage 12.30 Uhr
Oktober bis April:
Sa. 12.10 Uhr, So. und Feiertage 12.30 Uhr
Hauptmarkt
90403 Nürnberg
Telefon: 09 11/20 65 6-0 (Pfarrbüro)
Fax: 09 11/20 65 6-41
E-Mail: frauenkirche.nuernberg@erzbistum-
bamberg.de
Homepage: www.frauenkirche-nuernberg.de

Gabi Stauß / Stauß Events
Wolfsteiner Str. 4
90469 Nürnberg
Telefon: 0911 / 487716
E-Mail: gabi.stauss@staussevents.de
Homepage: www.nuernberg-highlights.de

Touristenseelsorge St. Lorenz
Turmführungen auf den Nordturm der
Lorenzkirche jeden Samstag um 14 Uhr,
Mitte Mai bis Mitte Oktober.
Burgstraße 1-3
90403 Nürnberg
Telefon: 0911 / 244 699 -14
E-Mail: tourist@lorenzkirche.de
Homepage: www.lorenzkirche.de

Pegnesischer Blumenorden
Die einzige Sprach- und Literaturgesellschaft
aus der Barockzeit, die seit 1644
ununterbrochen weiterbesteht.
Homepage: www.blumenorden.de

Publikationen:

Bachmann, Erich und Miller, A.:
Kaiserburg Nürnberg. Amtlicher Führer.
Nürnberg 1994.

Frosch-Hoffmann, Claudia: Chemie
zwischen Nürnberg und Fürth. Das
Leben des Chemikers Dr. Theodor
Oppler. Nürnberg 2017.

Gürtler, Daniel: Mauern, Türme und
Bastionen. Die Nürnberger Stadtmauer.
Nürnberg 2012.

Heinemann, Katharina (Hrsg.): Kaiser -
Reich - Stadt. Die Kaiserburg Nürnberg.
Begleitkatalog zur Ausstellung in der
Kaiserburg Nürnberg. Petersberg 2013.

Kirchner, Marco: Nürnberger Sagen und
Legenden. Hörbuch. Nürnberg 2006.

Kirchner, Marco: Nürnberger Sagen und
Legenden: Stadtsagen Nürnberg. Kindle
Edition. Nürnberg 2015.

Pekarsky, Jörg: Die Weichtiere der
Pegnitzlandschaften. Nürnberg 2017.

Besuchen Sie uns im Internet: **www.bast-medien.de**

Haftungsausschluss